Searching for Meaning:
Indigenous Culture and Language Education

意義的追尋
族群、文化、語言教育

顏淑惠————著

國立臺北藝術大學
Taipei National University of The Arts

遠流出版公司

本書經「國立臺北藝術大學學術出版委員會」學術審查通過出版

目錄

自序

　　從小沒有接觸過原住民的我，在 24 歲那一年遇見了我的阿美族丈夫。多年前他曾撰寫了一篇自傳，將自己從部落到都市生命歷程的轉變做了一個回憶與省思，我有幸成為他第一個讀者，為著他的族群遭遇與失落感到心痛。因著他的故事，我開始進入原住民教育領域，接觸了許多中生代原住民菁英，發現許多族人有著同樣的生命經歷。由於經濟環境差、社會地位低、再加上被歧視的族群身分，從小就在自卑與認同迷失的光景中，極力遮掩自我族群、語言、與文化記號，如同蝶蛹用保護色將原始美麗的紋路模糊化，努力地讓自己隱藏於大自然環境中，以免遭受外在野蠻與無情的攻擊。

　　身為漢人的我，因緣成為原住民媳婦，開始我的異文化家庭生活。七月豐年祭是家族中的重要節日，公公每年時間一到就歸心似箭。他是部落裡的長老，在祭典中居首位，輩受尊重。每次回到臺東部落，公公就如魚得水般地宜然自得，那種在臺北獨自一人飲酒的落寞感全然消失。族人習慣圍坐在一起談天說地，看著公公的臉永遠是滿足喜樂，即使是一整天坐著面向烏石鼻的大海。

　　而我是一個外來者，如同其他外籍配偶，因語言的隔閡，無法融入部落文化，部落的人也從不勉強我。但是，夫婿呢？每當回到部落，我看見他因著語言的流失，產生無法與族人溝通的無力感；因著遠離部落生活，產生文化無法連結之陌生感。原鄉的意義何在？這是離鄉背井、生活在都會地區的下一代一直在追尋的答案與衝突，明明就是自己的根，卻為何總有回不去的感受，語言不通、文化差異的鴻溝，深深地隔離都市與部落的原住民族。

　　而我的二個原住民孩子，每當老師要介紹臺灣多元文化時，他們總穿著奶奶親手縫製的綁腿褲，揹起色彩鮮艷的情人袋，大方地展示原住民服飾文化。幼稚園的孩子投以羨慕的眼光，他們也因著與其他同學的不同而自豪。每當問

起：「你們是什麼人？」，二人會大聲地回應：「我們是原住民阿美族人」。我們欣喜於孩子能以身為原住民為榮，但心裡疑惑這樣的單純能維持多久呢？會從什麼時候開始，是什麼樣的環境，讓他們懷疑自己的族群身分？我希望那一天永遠不會來到，但是眼見臺灣社會對少數弱勢族裔存在價值還是那麼多的不肯定，讓我對孩子未來身分認同感到憂心。於是我開始思考，我能為原住民的孩子做些什麼？如果我沒有做什麼，孩子就只是具有原住民血統的漢人，當他們長大時，又再一次落入文化、語言、認同迷失的循環。

為著下一代的未來著想，我從博士論文開始，就試著了解到底漢人老師是如何教導原住民孩子，探討有效教育原住民學生的教學方法。2010 年獲得國科會研究計畫補助，我開始涉入臺灣原住民族語教育研究，探尋原住民族文化保存與語言傳承的教育作為，本書就是研究計畫的詳盡成果。本書第一篇統整性引介我國推動族語教育的政策方針，透過國內外文獻蒐集，分析政策決定背後的理念基礎，進一步從國際與臺灣社會結構的轉變，鋪陳國內族語教育政策發展的歷史，再從政策實踐層面進行探討，了解在課程與教學、師資培育之規畫與問題。希望藉由全方位檢視族語教育政策，提出一些思考與建議作為，以供讀者對臺灣族語教育有著歷史縱向與實務橫向面之深度理解。

除了政府的作為外，族語教育的成敗取決於族語教師。然而，面對主流語言環境及現代化衝擊，族語教師要以怎樣的教學方式，才能讓族群語言得以延續發展？這是所有族語教師所期待的答案。本書第二篇是作者採訪 8 位原住民族語教師之故事實錄。這些族語老師每位都具有豐富的族語教學經驗，透過老師生命故事的敘說，探尋這些教師使命感與成就感的源頭。從 8 位老師的教學對話中，也了解族語教育不為人知的辛酸與成就，及對族語教育最深的企盼。本書最後一篇則綜合整理影響族語教育的因素，歸納有效族語教學策略，並進一步提出改善族語教育的建議，提供族語教師、族語課程設計者、師資培育機構與相關行政單位參考，期望能推動更完備之族語教育永續經營機制。

　　然而，我知道自己所能做的與所完成的有限，與這一群族語教師所付出的比較，這些老師走在巨浪的前端，我實在如海中的一粒沙，如此微不足道。但仍願這一本書的出版，能提供簡潔而深入地介紹族語教育的理論基礎、政策發展與實務規畫，讓正在尋找族語教育資源者，減少摸索的沉重負擔。也願這本書能讓更多人了解臺灣族語教育發展的困境，明白族語教師的堅持與使命，感染更多關心原住民族群發展的臺灣人，一起探尋族群、文化、語言教育的意義。

　　本書的完成特別要感謝 8 位族語教師，杜洛琳老師、洪艷玉老師、柯菊華老師、林照玉老師、浦正昌老師、高進財老師、林春妹老師、陳春源老師，因他們傾囊分享，讓讀者能深刻體會族語教育的精髓，使本書有豐厚之閱讀價值，若不是他們付出，這本書永遠不會存在。本書的完成也要感謝孟君、拉苞兒、毅柔研究團隊，協助文字與圖片的編輯，減輕我撰文的負荷，他們的辛勞反映在每頁字裡行間，我滿懷感激。特別要感謝本書之審查專家學者詳細閱讀本書，明確指出本書疏漏之處，並提供寶貴之建議。國立臺北藝術大學出版組編輯團隊用心規劃、校對與美編，讓本書得以順利出版，獻上我最誠摯的感謝。

　　感謝小組姊妹們為本書的代禱及在撰寫過程中給予的支持與鼓勵。二個原住民血統的孩子──善牧與書亞是我喜樂的泉源，成為我努力的動力。最重要的是我的先生惠民，他是上帝在此生中賜給我最棒的禮物。因著他的智慧，讓我對原住民族驚歎不已。因著他堅定不渝的愛與幫助，讓我能完成本書的著作。也願先生目前在原文會的職份，能帶下影響力，為原住民文化、藝術、教育與傳播事工，接續那傳承的使命。

　　最後將一切的感恩都歸於上帝，願主祝福每一位閱讀本書的人。

顏淑惠
2014 年 5 月於關渡富田

上篇

族群、文化、語言教育緣起

引言

　　族群是擁有共同祖先、文化、語言所構成的獨特群體（王甫昌，2003），而其中最特別是語言的創造。因著造物主奇妙作為，人成為會說話的動物，藉著語言表達思想與溝通，傳遞族群知識、價值與傳統，發展族群獨特的文明與生活型態，形成各民族之文化特質。語言也承載民族文化的內涵，湧現文化泉源活水，是族群認同的基礎（孫大川，2000）。族群間藉著獨特的語言文化，延展出不同的視野與思考，區別出族群間的差異性。因此，語言是族群的文化，也是族群的識別記號，要瞭解一個民族文化，先從瞭解其語言開始。

　　民族語言，簡稱族語或稱母語，是代表族群身分的語言，是生養族群的血源，是文化的底蘊，緊繫民族與文化生命。失去母語，就如同失去母親的孩子，缺乏賴以成長的養分與遮蓋保護，族群無法永續健康地發展。循此可知，族群、文化、語言三者不是個自獨立存在，乃是互相交織牽連，喪失母語的族群，文化無法傳承，深深影響整個民族的發展。

　　然而世界各地之原住民族語言在強勢文化衝擊之下，正瀕臨消失的危機，不僅有危族群命脈的延續，也是人類文明資產的損失。因此，聯合國「原住民權利宣言」決議，「原住民有權利去復振、使用、發展和傳承他們的歷史、語言、傳統哲學、書寫系統和文學給下一代。」世界各國也紛紛以尊重和保障原住民族語言權利，維護與復振原住民族文化為目標，防止族群語言文化的消亡。

　　臺灣是多元族群的國家，主要的語言有華語、閩南語、客家語及原住民族語言，其中原住民族在語言上屬於南島語族，官方認定就有 14 語族，包括阿美族、泰雅族、排灣族、布農族、卑南族、魯凱族、鄒族、賽夏族、雅美族、邵族、噶瑪蘭族、太魯閣族、撒奇萊雅族及賽德克族等，各族又擁有不同之方

言，此外尚有未被認定之平埔族群，成為臺灣多元文化的特色。原住民族語言（簡稱族語）蘊涵臺灣少數族群珍貴的經驗與智慧，更是臺灣歷史與文化重要之根源。然而，臺灣原住民族經歷外來殖民政權統治，實施同化政策，使得沒有文字符號的原住民族，語言已快速流失，連帶語言所依附的文化、歷史及社會規範，也面臨瓦解危機，進而影響整個民族生存發展。如何挽救族語，成為臺灣政府必須面對的課題。

　　族語教育是挽救語言流失、文化斷層重要的手段，透過教育的歷程，原住民族能習得族群知識，承接祖先的經驗智慧，成為延續族群、文化、語言傳承的重要機制（浦忠成，2002；楊孝濚，1998）。因此，臺灣政府在近幾年來開始積極推動族語教育政策，以保留族群文化資產。語言文化教育政策的落實需政府長遠具體的規畫，本篇即從政策考量之立論基礎、政策制定的歷史脈絡、課程規畫、師資培育及教材教法之實務面向進行剖析，回顧重要論著及相關研究之文獻，以瞭解臺灣原住民族語教育之發展。

第一章　族語教育之立論基礎

族語教育政策的擬定，必須有其教育理念作為引導。因多元文化主義興起，形成民族復興運動，提供族群、文化、語言教育改革重要的理念基礎。本文首先對多元文化教育的起源背景與理念做介紹，繼而分析多元文化教育思維對族語教育之影響，以探討族語教育政策與實踐推動之合理性與必要性基礎。

第一節　多元文化教育背景

多元文化教育起源於美國，美國自開國以來，建立以白人為主的殖民國家，弱勢族群在美國社會中常遭受歧視與不平等對待。美國內戰雖結束了奴隸制度，南方的非裔美國人仍被剝奪各種權利，不論在就學、居住、交通、餐飲、醫療等社會生活處處可見種族隔離、歧視與攻擊。弱勢族群居住環境沒有保障，政治經濟社會地位低落，人權不平等的待遇成為嚴重的社會問題，埋下民權運動的火種（U.S. Department of State, 2013）。

1955 年的公車拒搭事件引暴美國民權運動的起火點。蒙哥馬利市的羅莎・派克斯小姐（Rosa Parks）不願屈服於搭乘公車時黑人必須與白人隔離入座之政策而遭警察逮捕。為聲援派克斯，當地居民發動公車拒搭運動，抗議傷害人性尊嚴的種族隔離，燃燒了非裔美人追求人權平等的火焰。美國人權領

袖馬丁‧路德‧金恩（Martin Luther King, Jr.）牧師承續這個抗爭運動，強調人權自由，鼓吹以非暴力方式面對欺壓的體制，使得罷乘運動進入高峰。經過一年多的努力，聯邦法庭裁定，公車實行種族隔離的法律違憲，才結束了公車罷乘事件。

金恩牧師持續與民權團體爭取非裔美人平等自由權利，1963 年發表著名演說〈我有一個夢想〉（"I have a dream"），敦促美國國會通過法律，廢除種族隔離政策。終於在 1964 年，美國通過《民權法案》（*Civil Rights Act*），明訂美國境內不得採取種族隔離，宣佈對非裔美人、少數民族與婦女的歧視為非法作為，終結美國長期以來的種族隔離政策。正當民權運動方興時，金恩卻在 1968 年遭種族主義者刺殺身亡，但他用非暴力方式推動美國的民主舉世矚目，於 1964 年贏得諾貝爾獎，逝世後美國設立馬丁‧路德‧金恩紀念日，以紀念這位當代美國追求人權自由平等的偉人。

除了社會層面權利的爭取，民權運動也擴散進入學校教育。美國種族隔離措施普遍在各層級教育，許多州規定非裔美人不能與白人讀相同的學校。教育領域的民權抗爭之指標事件是 1953 年的布朗案，一名黑人女孩琳達‧布朗每天要走路到離家較遠的黑人小學就讀，琳達的父親布朗想讓女兒進離家較近的公立小學就讀，但因其非白人的種族背景而被拒絕，於是控告教育局違反人權。聯邦最高法庭最終判決教育局違憲，剝奪黑人學童的入學權利，這樣的判決結果造成南方許多州的反抗。1957 年阿肯色州長公開拒絕法院決定，迫使艾森豪總統運用憲法權，命令阿肯色州的小石城中央中學廢止種族隔離。憤怒的白人於是對黑人學生進行騷擾恐嚇，總統派遣聯邦軍隊前往小石城保護黑人學生入學。直到 1964 年民權法案通過，保障所有種族的美國人都享受基本的民權，才逐漸結束南方地區對學校取消隔離的抗爭（U.S. Department of State, 2013）。

　　布朗案判決扭轉美國學校種族隔離現象，重申美國追求平等與正義的理想，結果引發後續一連串的民權運動，深遠影響美國人的社會與法律，奠定美國多元文化的民主基礎。該判決案主張機會均等的理念，影響到其他少數族裔、婦女和身心障礙人士，群起引用民權運動模式，開始發聲以批判社會，反對主流文化霸權，強調政府應肯定文化差異的現實與重視社會正義之實踐。

　　民權運動進一步引發教育層面的改革，學者提出多元文化教育（multicultural education）理念，批判由白人宰制的教育制度造成的不公平，強調學校應尊重少數族群人權，學童不得基於種族因素被拒絕入學。學者主張所有的學生，不論來自何種文化族群背景，在學校中都應享有同等的學習機會，學校也應基於肯定多元的精神，尊重少數民族的觀點，提供其適性發展的機會（Banks & Banks, 2009）。美國學者 Banks 提出以下說明：

　　一、多元文化是一種概念，所有的學生不論性別、社會階級、種族或文化背景，在學校應享有相等的學習機會。

　　二、多元文化是一種教育改革運動，除課程改革之外，還包括學校整體教育環境的改變。

　　三、多元文化也是一種繼續的過程，因為自由和正義等社會理想難以實現，不論多努力去消除種族主義等問題，它仍然有某種程度的存在，所以應該持續地為所有兒童提供教育機會均等。

　　由此可知，多元文化教育是一種理念與教育改革過程，挑戰強勢文化霸權，消弭社會階級的不平等，尤其是消除種族歧視，以提供各族裔平等教育為努力目標。同時，多元文化教育肯定文化的多樣性，主張社會中不同種族、性

別、語言、宗教、社會階級與身心障礙者在教育過程中能有被公平對待的機會，保障與扶持弱勢族群教育發展，促進社會正義的實現（Bennett, 1990; Sletter, 1996）。

多元文化尊重不同族群觀念興起，世界各國原住民族與美國弱勢族裔有相同的命運，都同受殖民政權的統治，遭到族群隔離與同化的待遇。受到多元文化主義影響，原住民紛紛發出自己的聲音，以爭取基本權利，提出文化差異必須被瞭解、接受與尊重。例如，紐西蘭白人所建立的文化帝國，把毛利文化語言落入邊際地位。紐西蘭政府在 1980 年以後實施具有多元文化意識的毛利教育政策，主張任何人都有說毛利語的合法權利，鼓吹毛利文化在學校教育中能有被學習、被瞭解之平等機會，協助學校和成人教育中心推廣毛利語教育（黃麗容、張建成，2000）。加拿大原住民族從 1950 年開始持續爭取平等權利，抗拒同化政策。政府並通過多元文化主義法案，以保存加拿大多元文化為宗旨，減少族群歧視與提升文化認識與瞭解（單文經，2000）。澳洲政府在1970 年代末期發展多元文化教育，在學校開設「原住民學科」課程，內容涵蓋原住民歷史、文化和語言，受教者包括原住民和非原住民。澳洲政府也支持各民族學校發展社區語言雙語教育，使學校課程教學更趨近其傳統文化，克服少數族群之教育劣勢與適應問題，強化少數民族自我認同（譚光鼎，2000）。多元文化教育改革運動在世界興起，成為先進國家少數族群追求發展之有力根據。

第二節　多元文化教育理念

參考國內外文獻，本文將多元文化教育分為三大核心理念，一是追求社會公平正義，落實教育機會均等；二是促進族群瞭解，以減低偏見並肯定多元

價值；三是強調族群文化認同，尊重族群主體性發展。

壹、追求社會公平正義

　　世界各國少數族群因受外來政權的強制壟斷，造成整個群體在社會、經濟、文化與教育上的集體弱勢與壓迫歧視。多元文化理念強調社會中文化的價值，沒有優劣之分，因此應尊重不同族群文化的特質與差異事實。不論民族血統或語言為何，均有普遍同等的待遇，任何民族不得享有特權，也不得歧視其他民族。這樣的理念落實於教育改革，主張各民族都有接受教育的權利，國家應提供教育機會給予資源較少的族群，期能達到教育機會均等之原則（Bennett, 1990; Nieto, 1992）。

　　1960 年代開始，許多國家注意不同種族間貧窮與學業成就的鴻溝，並指出教育機會不平等是導致貧窮與差異的主要原因（Marshall & Tucker, 1992; Schiller, 2008; Tilak, 2002）。基於正義與公平的原則，政府著眼於補償的角度，推動弱勢族群的補償教育（compensatory education），希望透過「積極性差別待遇」（positive discrimination），彌補對少數族群所造成的傷害與不平等，以改善社會弱勢地位，提高社會發展機會。例如，美國貧窮弱勢地區的少數族群學生，其學業成就持續低落且與主流學生的差距有逐年拉大的現象。美國政府透過法案的落實，諸如：《中小學教育法案》（*Elementary and Secondary Education Act*）、《沒有任何孩子落後法案》（*No Child Left Behind Act*）、《美國復甦與再投資法案》（*American Recovery and Reinvestment Act*），投入大筆資金在教育補助，以改善文化不利兒童教育成就，縮短弱勢族群學生與主流學生的差異鴻溝（顏淑惠，2009）。這些措施目的在減低因家庭社經背景、性別、種族、身心特質等因素而存在的不平等，使貧窮社區及學習瀕臨失敗的弱勢學生，能與主流學生一樣獲得適性發展的機會，以提高社會競爭力，進而改善其

弱勢的處境，以落實社會正義之理想（林清江，1994；陳奎憙，2000；楊瑩，1994）。

貳、消除偏見、肯定多元

美國長期以來實施種族隔離政策，造成弱勢族群受教權被剝奪，雖然透過民權法案保障基本人權，但是種族歧視並沒有因此徹底剷除，各種偏見依然存在美國社會中，徹底改變這種情況還需要長時間的努力。多元文化教育改革主張尊重人權，消除種族歧視為努力的目標，強調國家應廢除種族隔離政策，採取融合教育，培養所有學生能尊重與接納他人文化。多元文化教育目標也在培養學生批判思辨能力，能從正義及平等角度思考族群議題，進而能轉化採取實際行動，以消除種族偏見與歧視態度，避免種族的衝突與對立，以建立一個尊重與包容文化差異的多元社會（Banks, 1994; Goodlad, 1990; Sleeter, 1996）。

多元文化教育的理念，在於肯定文化多樣性的價值，使每個族群不但珍惜自我文化，也能欣賞並重視他族文化。學校也應基於肯定多元的精神，在課程裡加入少數族群的經驗與觀點，教師也要發展適應多元學習型態的教學方法，回應不同學生的認知發展和學習需求，以促進族群理解與適性發展的機會。如此一來，不同社會階級、種族和文化的學生，不僅在學校教育中擁有相同的學習機會，以學習自己所擁有的文化資產，同時能瞭解各種不同族群文化內涵，培養尊重、欣賞各族群文化的積極態度，在彼此激盪與交流中學習成長，更能擴張學生多元面向的觀點與能力（Bennett, 1990; Darling-Hammond, French, & Garcia-Lopez, 2002; Garibaldi, 1992; Nieto, 1992）。

參、強調民族文化認同

多元文化主義強調各族群文化在社會中存在差異性而非優劣性，族群在社

會中能有尊嚴、不受歧視壓迫地存在，反對族群間的同化宰制。多元文化教育主張國家應尊重少數族群的文化特質，透過各種教育途徑，讓各民族能理解自我文化，增進民族認同與促進文化保存。教師應透過教育過程，讓學生對自己的族群語言文化產生光榮感，去除主流社會帶來之污名感，讓學生得以增加民族自信心與提振民族認同；進一步透過民族文化的學習，傳承文化精粹，可以避免少數語言的流失，促進族群文化的永續發展（Garcia, 1994; Gay, 2000）。

　　多元文化教育目標也在消弭學生對不同文化的誤解與歧見，而能以更公平的態度對待不同族群的學生。課程不應只提供主流文化教材，應能反映族群文化的多樣性，使不同族群的歷史、文化與經驗能均等地呈現，使各族群學生能有公平的機會學習自己的文化。教師也應主動了解原住民學生的家庭背景與學習需求，規劃相關課程與輔導措施，以提升學生的學習成就與改善學習適應問題，藉此提高弱勢族群學生的自尊與自信，促進族群文化的認同與發展（Gay, 2000; Sleeter, 1992）。

第三節　多元文化教育與族語教育

　　多元文化教育的興起促使本土文化的覺醒，臺灣原住民族教育也在這一波浪潮中有了發展的生機，學者借力使力呼籲政府基於多元文化教育理念，全面推動族語教育。歸納族語教育政策中的多元文化教育論述可分為三個重點，第一，基於語言的平等地位，恢復族群語言權力，實踐公平正義原則；第二，肯定多元文化價值，促進文化理解與族群和諧；第三，凝聚族群認同意識，傳承傳統文化精粹。

壹、恢復族群語言權力，實踐公平正義原則

　　美國興起的多元文化論述，主要源起於美國境內非裔民族所遭受到不公平對待，促使弱勢族群自覺，主張國家應透過就學機會的保障，提供弱勢族群受教育機會，改善族群間不平等狀態，以扶助弱勢族群教育發展。多元文化教育理念落實在族群教育方面，學者主張國家有責任提供教育規畫與資源，保障原住民族教育權益，彌補主流文化及城鄉差距對原住民族阻滯發展的傷害，提供均等教育機會，以實現社會正義（王麗雲、甄曉蘭，2007；陳枝烈，1997；譚光鼎，2002）。

　　語言權是基本人權，保留及使用族語是族群基本的公民權利，是社會正義的指標之一。從人權與公平發展的角度而論，學者主張各族群語言一律平等，不論族群語言使用人數多寡與政治經濟強弱，每一族群語言都是獨一無二的文化資產。族語應享有被公平對待的權利，政府不得以公權力禁止任何語言的使用，國家也有責任積極扶持與維護各族群語言，壓抑個別族群語言權利，只會造成族群關係的緊張與對立衝突（施正鋒編，2002）。

　　臺灣長期以來處在國家民族一元化的體制下，原住民語言受到強勢文化的衝擊，又在獨尊國語政策之下，迫使原住民族語言所依附的環境瓦解，失去語言使用權利，且難以抵抗優勢語言的勢力侵犯，所以在先天不足及後天失調環境下，斬斷了原住民族文化生機（李壬癸，2011；童春發，1999；黃宣範，1993）。多元文化教育思維下的族語政策，強調族群應懍於這樣的警覺，全面抗拒同化及防止文化滅絕。主張政府應反省錯誤的政策對原住民族群造成的傷害，本於多元、平等、尊重之精神，讓各族群享有語言平等權利，以保障基本人權與提升民族地位。

　　在多元文化理念脈絡之下，各族群文化差異及合法性地位被突顯出來。為此，國家應透過正規教育體制規畫，恢復原住民族語言權利，提供學習族語

與文化之機會，是順應基本人權的作法。從多元文化教育觀來看，傳承弱勢語言文化是政府的責任，學校推動族語教學的意義在於彰顯各族群平等地位，尊重文化多樣性下的人權，能振興原住民語言與文化，促進社會正義與公平機會之實現（童春發，1999；黃志偉、熊同鑫，2003；劉美慧、陳麗華，2000）。

貳、肯定語言文化價值，促進族群文化融合

多元文化主義強調各族群文化存在差異性，族群在社會中能有尊嚴、不受歧視地存在，反對族群間的同化宰制。多元文化教育主張學校教育的改革，學生在入學後應接受公平且適性的教育內容，課程不應只提供主流文化教材，應能反映族群文化的多樣性，使不同族群的文化能均等地呈現，使學生能有公平的機會學習自己族群身分與文化資產，促進族群文化的傳承。學校也可提供多元學習環境，促進各族群間相互接納與尊重，以建立一個多元包容的和諧社會（Banks & Banks, 2009）。

多元文化教育學者認為不同族群學生能經由多元的接觸，認識彼此的歷史文化，不僅可以消除刻版印象與減低偏見歧視，促進族群文化理解與融合，並增進自身文化的創新與發展。對於其他族群而言，學習不同的文化也能培養學生多元觀點與視野，走出狹隘的本位族群意識，去除文化刻板印象；同時能了解不同族群發展困境，批判種族主義與霸權壓迫，培養道德與族群勇氣，關懷社會弱勢族群與實踐社會正義之行動（Gay, 2000; Sleeter, 1992）。

臺灣原住民語言與文化豐富多樣，過去族語教育政策忽略了多種語言價值，使得弱勢族群默默承受主流文化的壓迫，造成原住民語言文化的衰亡（陳美如，1998）。從多元文化發展角度而言，維持語言多樣性，正是維持多樣文化的根本（宋偉航譯，2001）。多元文化教育觀肯定多語言文化存在意義，反對同化論者消除族語的作法，主張學校有義務提供原住民族學生語言文化課

程，以承接祖先的經驗智慧。再者，透過不同族群間彼此經驗交流分享，培養學生尊重與接納不同族群文化的態度，以去除族群隔閡與促進融合。最後，透過跨文化的相互學習，能豐富學生彼此的文化內涵，拓展多元文化經驗，為本土文化延續及創新提供堅實的基礎（吳天泰，1998；浦忠成，2002）。

參、重建民族語言認同，傳承傳統文化精粹

族群認同（ethnic identity）或文化認同（cultural identity）是指個體能對自我所屬的群體產生歸屬感，並能內化該文化之價值與行為規範（吳乃德，1993；陳枝烈，1997；譚光鼎，1998）。語言對族群認同扮演關鍵性角色，不僅提供族群成員溝通媒介，也能藉此分享意義，連結個人與群體，滿足集體心理上需求，成為凝聚族人的力量（Banks, 1994；施正峰編，2002）。語言也是文化認同的核心要素，影響族群成員的自我概念，關係個人的態度行為表現（劉蔚之，1992）。一個民族流失了語言與文化，可能會失去對自身民族的認同感，也因主流族群的偏見與歧視，產生對自我族群之自卑感，不願承認自己所屬原始樣貌，謝世忠稱之為「污名化的認同」（sigmatized identity）（謝世忠，1987）。

社會環境能影響一個人的認同，學校經驗也能影響學生文化認同。學校教育傳遞國家主流價值體系，教學語言與課程內容由強勢族群決定，原住民學生被迫接受同化教育，形成文化霸權（cultural hegemony）（Bourdieu & Passeron, 1990；陳伯璋 1988）。對弱勢族群學生而言，學校教育是形塑異文化認同的歷程，產生心理衝突和學習困頓。例如，紐西蘭政府長期以來推動同化教育，使毛利兒童逐漸遠離並排斥他們的母語和文化，塑造了負面自我認同，進而影響毛利人的教育成就。幸而毛利人後來自覺，才有進一步的文化復興（譚光鼎，2006）。

　　臺灣以漢族文化為中心，原住民長期被邊緣化，造成許多族人迷失了自我（尤哈尼‧伊斯卡卡夫特，2002；浦忠成，2002；譚光鼎、湯仁燕，1993）。原住民學生透過正式或潛在課程影響，接受國家主流意識形態，使得族群語言與文化在教育體制內不斷地被削弱。原住民學生也因享有升學差別待遇，產生自卑感及污名感，加上入學後課業表現不佳而產生挫敗感，造成學習與適應上的困難。再加上族群身分得不到漢人接納，又對自己文化產生質疑與疏離，形成「文化雙盲」的認同迷失或蔑視本族文化等價值觀混淆之現象（牟中原、汪幼絨，1997；陳枝烈，1997；黃約伯，1999；楊淑玲，2001；蔡春蘭，2005）。

　　多元文化教育強調國家應尊重少數族群的文化特質，透過語言文化教育，鼓勵族群使用族語與理解自己的文化，以建立對自我族群的認定與接納，維持自身族群的尊嚴。教師應透過教育方式，讓學生在學習過程中，引導正確的族群認知，使原住民能對自我族群、語言、文化產生光榮感，去除主流社會帶來之污名感、疏離感與挫折感，增加民族自信心與提振民族認同，進一步透過民族文化學習，傳承文化精粹，促進族群永續發展（Garcia, 1994; Gay, 2000；陳麗華、劉美慧，1999；譚光鼎，1998）。

結語

　　由歷史發展軌跡來看，原住民族語教育乃是受到多元文化教育思潮影響而興起之族群教育改革行動。首先，多元文化教育可視為是追求社會公平與正義的一種方法，國家透過就學保障，提供弱勢族群受教育機會，改善族群間不平等狀態；透過積極性差別待遇，扶助弱勢族群教育發展，符合社會正義原則。其次，多元文化教育思維在於肯定多元與減低偏見，主張學校課程內容應能反

映族群多樣性，使不同文化能均等地呈現，不僅可以消除刻版印象與減低偏見，更可以積極地促進族群文化理解與融合，促進文化的創新與發展。再者，多元文化教育期待透過學校教育課程改革，幫助弱勢學生在入學後能接受公平且適性的教育內容，使學生能夠經由學習來瞭解族群身分與文化資產，促進族群文化的傳承。

　　上述多元文化教育理念對族語教育的啟示在於國家應肯定多語言存在價值，反對同化論者消除族語作法，主張各族群享有語言平等權利。國家有責任提供教育規畫與資源，提供學生學習族語機會，以保障語言得到充分發展，建立正義公平的語言原則。國家也應透過族語教育過程，提供學生瞭解不同族群內涵之學習機會，增益各族群互動及交流，培養學生欣賞各族群文化的態度，以建立多元包容的和諧社會。對少數族裔學生來說，透過族語教育也能傳承文化精粹，提昇民族認同，促進族群永續發展。歸納而言，在多元文化論述影響下的族語教育不再只是單一的語言學習內涵，也是一種教育理想。它植基於尊重族群基本人權，肯定文化多樣性價值，提振族群文化認同，是促進族群、文化、語言發展的重要途徑。

第二章　族語教育之政策發展

教育政策是政府為解決教育問題或滿足民眾教育需求所採行的作為（張芳全，1999）。族語教育政策則可以定義為政府為解決原住民語言文化流失問題所採取的策略，以作為推展族語教育工作之方針。為能瞭解現行族語教育政策制定背景及演變，本文根據相關文獻及政府法令與計畫，將原住民族語教育政策的發展歷程分為三個時期：解嚴之前的語言同化期，解嚴之後的語言開放期，與八〇年代中期至今的語言振興期。

第一節　語言同化期

　　回顧臺灣歷史，佔領這塊土地的統治者主宰著臺灣原住民族的發展，語言同化成為霸權慣用的統治手段。十五、六世紀，西方航海技術發達，歐洲海權國家，紛紛往東方世界發展，以擴張殖民領域。臺灣自 1620 年代中期起，被荷蘭、西班牙佔領。荷蘭人征服平埔族原住民後，委由東印度公司所屬的傳教士負責地方行政事務，並在臺灣展開宣教工作。為基督教化需要，傳教士將聖經內容以羅馬拼音翻譯成原住民族語，最著名的是臺南新港用羅馬拼音文字寫成西拉雅族的平埔語《聖經》，這是原住民族歷史上首度出現自己的文字，對現今教會以羅馬文字保持原住民母語有很大的關係。西班牙人也有傳教士在淡水建立教堂及學校，從事原住民族教化事工（李筱峰、林呈蓉，2004；曹永和，

2000）。

　　鄭成功逼使荷蘭人開城請降，取代荷蘭人的統治權。明清時期的教育體制和荷蘭不同，荷蘭以宗教教化為主，而明清政權則著眼於原住民的漢化。鄭氏在原住民部落設立學校，儒家及漢文成為臺灣語言教育內容。鄭克塽降清後，臺灣歸為中國版圖。清朝將臺灣原住民統稱為番，並以語言分別原住民族，將「身居內山未服教化，不與漢群，不通和與者」稱作「生番」，將「雜居平地，尊法服役，以漢語為語言者」稱作「熟番」。清廷用儒學教育原住民，建立義學、番學堂作為教化原住民的場所，讓原住民學習漢人文字及風俗（李筱峰、林呈蓉，2004；潘英，1996）。

　　滿清末年甲午戰敗，日本佔據臺灣，對臺灣人實施「同文同種」、「獨尊日語」之語言政策。太平洋戰爭爆發後，日本政府開始推動「皇民化運動」，要求臺灣人歸順與服從學習日語。為了控制臺灣，日本政府採取高壓與懷柔政策，親日的族群為原住民典範，說日語的家庭為模範家庭。番童教育目標使原住民同化於日本風俗禮儀，灌輸愛國思想，以日語為國語，禁止使用番語（李園會，2005；黃森泉，2000）。

　　臺灣光復後國民政府遷臺，政府欲消除過去日本化教育，加強國家觀念，1951 年頒定臺灣省各縣山地鄉實行國語辦法，成立國語推行委員會，負責全國國語文教育事務。除了規定使用國語外，並在學校課程中教導中國歷史與文化，傳遞漢族文化價值觀。這些政策目標在統一語文與國家意識，建立中華文化正統，在這種語言教育政策之下，原住民族走向漢化與平地化，逐步融入一般社會風俗，原住民族語言文化也在這些規定下逐漸流失（張佳琳，1993；陳美如，1998；黃純敏，2000）。

　　綜觀解嚴以前臺灣原住民語言政策的發展，與世界各國弱勢族群命運類似，族群發展深受殖民政府所控制。從早期荷、西統治時期、日據時期，一直

到國民政府統治時期，外來政權的入侵，以文化霸權標準，凝聚國家意識，強迫原住民放棄自己的傳統語言與生活方式。透過同化教育決定課程與教學，再製意識形態，使得原住民逐步融入臺灣主流社會。這樣的政策使得原住民與漢人處於一個權利不平等的狀態，面臨政治、社會、經濟弱勢等方面的困境，普遍教育程度不高與社會地位低落，更造成原住民生活制度與社會規範逐漸崩解（譚光鼎，1998）。而國家實施的單一語言政策，禁止臺灣各族群講母語，反映出原住民被壓制的族群地位，也使得原住民族逐漸失去語言生存空間。

第二節　語言開放期

語言與文化是族群存續最重要根本，然而從歷史的記載可知，世界各地之原住民族處境相似，歷經外來強勢政權領導，實施語言同化政策，使得原住民族群、語言、文化發展受到限制。1960 年代興起民權運動，引起許多國家對弱勢族群人權的考量，反省社會權力霸權現象所產生的壓抑和宰制，我族中心思想漸受揚棄，代之而起乃是多元文化價值的肯定與重視社會正義之實踐，以建立一個族群平等與尊重包容之多元文化社會（Banks & Banks, 2009；譚光鼎、劉美慧、游美惠，2001）。

臺灣社會也在這一波國際風潮影響下，族群意識逐漸覺醒，呼籲政府重視不同族群文化價值。1987 年臺灣解除戒嚴，由於政治限制的鬆綁，社會逐步走向多元與開放。本土化為訴求的黨外勢力挑戰中央集權統治，民主改革聲浪中，使威權體制不得不妥協讓步，成為臺灣政治轉型與民主發展的關鍵時期（陳昭瑛，1995）。在社會追求民主化與本土化的教育改革聲浪中，引發對臺灣土地的關愛，喚醒了社會對原住民族的重視，重新思考原住民傳統文化的存在價值。

在原權會等團體及原住民民意代表的努力下，質疑一元化教育模式，轉而支持多元文化教育理念，將多元文化教育列入重要改革目標，尊重社會多元族群發展。1994 年憲法增修條文將「山胞」正名為「原住民」，讓原住民「民族」身分與地位獲得法律保障。1996 年，教育部舉辦「全國原住民教育會議」，會中列出原住民教育目標為：建立原住民教育體制、開展原住民教育特色、提升原住民教育品質、邁向多元文化新紀元。與族語教育有關的議題包括：發展鄉土及母語教育，促進多元文化發展（教育部，1996）。行政院教育改革審議委員會也在 1996 年將多元文化教育列入重要教育改革之一，關懷弱勢族群等議題逐漸成為臺灣社會運動關注的焦點，重新思考原住民傳統文化的存在價值及語言的振興，以作為臺灣原住民教育改革之途徑（行政院教育改革審議委員會，1996）。當年也成立了「行政院原住民族委員會」，專職處理有關原住民族事務，原民會並設立教育文化處，致力於原住民語言的保存、維護與研究。

此一時期，國家採取包容及開放的態度去面對少數民族語言，在共同語言之外允許少數族群語言使用與學習，本土語言長久以來禁錮獲得釋放，臺灣族語教育政策也隨之發展（顏國樑，2006）。教育部為國家族語教育政策規畫之核心行政機關，為保存民族語言文化，於 1993 年訂定「發展與改進原住民教育五年計畫」，以輔導原住民適應現代生活，維護原住民傳統優良文化為目標，其中有關原住民族語的部分有以下事項（教育部，1995）：

一、編訂南島語音符號系統，為原住民語言建立文字。

二、成立委員會編製母語輔助教材。

三、選定母語輔助教學實驗學校，評估實驗結果，研擬推廣策略。

四、辦理獎（補）助原住民語言著作，鼓勵原住民傳統歌謠、神話傳說蒐集整理、研究創作，以及原住民語言教材、語法、

語彙或書寫問題等研究。

　　在族語課程與教學部分，1990 年臺北縣烏來鄉烏來國民中小學首先實施泰雅族母語教學（溫辰雄，1997）。1993 年教育部修訂國民小學課程標準，決定於 1996 年開始逐年實施，在正式課程中教導有關多元文化或原住民文化題材，以培養學生對鄉土的關懷。依據課程標準規定，國民中學鄉土教學安排「鄉土藝術活動」科，國民小學則於三至六年級增設「鄉土教學活動」科，分為鄉土語言、鄉土歷史、鄉土地理、鄉土自然、鄉土藝術五個類別。各校得視地方特性，每週安排一節方言學習或與鄉土文化有關之教學活動。課程目標如下：

一、增進學生對鄉土歷史、地理、自然、語言和藝術等的認識，
　　並培養保存傳遞和創新的理念。

二、培養對鄉土活動的興趣以及欣賞的能力。

三、養成對鄉土問題主動觀察、探究、思考及解決的能力。

四、培養對族群文化的尊重，開闊胸襟與視野，並增進社會和諧。

　　配合鄉土文化教育的實施，教育部也規劃系列的配套措施，包括（吳天泰，1998；教育部，1999）：

一、制定國民中小學原住民語言教材大綱，作為編訂教材之準則。

二、成立「鄉土文化教材編輯小組」，出版〈國民小學原住民鄉土文化教材〉，以提供學校參考。

三、補助國民中小學鄉土教學實施計畫，進行編輯鄉土教材、製作教學媒體、撰寫教學設計與教師手冊、辦理鄉土教學研

習、教學資源蒐集、建檔、推廣等工作。

　　教育部進一步提供經費，邀集地方政府、教育團體與學者編輯鄉土語言教材，包括賽夏、阿美、噶瑪蘭、排灣、魯凱、布農、賽德克、卑南、雅美、泰雅、鄒族及河洛、客家等 13 種不同族群母語（教育部，1999）。同時將這 13 種語言教材學習手冊，提供各國民小學及相關單位作為發展鄉土語言教育之參考，成為族語教學重要資源，直至九年一貫課程實施，另發行九階族語教材，這套教材才逐漸沒落。

　　此一時期政府開始將鄉土教學活動納入正式課程，提供原住民學生學習母語機會，並開始著手編輯鄉土語言教材，有助於長期處於弱勢的原住民兒童認識本族文化風貌，蘊育鄉土意識，讓各族群語言有了發展空間，是為多元文化教育理念的實現，也為往後鄉土語言教育奠定良好基礎（秦葆琦，1998；張駿逸，1997）。然而，此一時期的族語教育政策，以教育行政機關為主導，缺乏原住民主體性與系統性規劃。例如，政府各項政策的實施均以憲法為根據，原住民教育法制尚未明確，使得族語教育無法進一步推展。此外，族語教育仍處於附屬地位，鄉土課程與母語學習屬於鼓勵性質，原住民教育整體效益無法彰顯。官方語言政策傾向自由放任，雖然沒有打壓母語，卻也沒有盡到積極扶助責任。在整合政策形成機制、建立原住民族教育體制、充實原住民教育課程以及族語師資培育等方面，仍待適切規劃，以因應原住民學習者之需求。

第三節　語言振興期

　　近十幾年來，臺灣面臨全球性的社會變遷，在精緻化教育品質趨勢下，世界各國無不積極進行教育改革，以激發個人潛能、傳遞優良文化、提高國家競

爭力為目標。然而，對少數族群而言，弱勢語言文化被邊緣化，個人潛能無法發揮，在社會上缺乏競爭力。因此，許多國家弱勢族群積極爭取生存發展空間，藉由立法保障原住民族權利，同時主張由原住民來負責自身族群發展需求。例如，加拿大原住民教育政策方向以「印地安控制的印地安教育」，認可原住民地方社區的參與，掌握原住民師資、課程與語言（吳毓真，2002）。澳洲通過原住民教育法案，促進原住民教育機會均等，保障原住民語言、歷史、文化等課程，建立屬於原住民的終身教育體系（李瑛，2000）。

　　紐西蘭毛利人語言文化成功復振則是國際間最著名的典範。毛利民族因著殖民政權控制與都市化影響，語言文化失去生存空間。毛利人認為毛利教育與社會問題，必須託付於民族文化復興，根本之道乃是透過立法與教育，全面恢復毛利民族語言使用權利。經過政府與毛利人的努力，紐西蘭通過「毛利語言法案」（The Maori Language Act, 1987），宣告毛利語為紐西蘭官方語言之一，任何人都有說毛利語的合法權利，保障毛利語言權利，為民族文化復興奠下基石。依據法案規定，紐西蘭政府投入毛利語教育推廣，補助毛利語課程與教學。毛利人也積極推動草根性的語言巢運動（Kohanga Reo），讓毛利兒童從小就浸淫在毛利語言文化。其後毛利人逐漸發展出自己的教育體系，包括毛利小學、毛利中學、毛利大學，及廣播電視大眾傳播媒體，全面推廣毛利語教育，成功地將毛利語深入家庭與部落，也提升族群自我認同和文化復興 （Corson, 1990；張學謙，2002；黃麗蓉，1999）。

　　從各國發展經驗中帶給臺灣啟示，原住民教育社會問題的解決需要民族文化的振興，其中最重要的關鍵是承認並恢復民族語言使用權利，立法賦予民族語言應有的尊嚴與地位。臺灣原住民精英、民意代表及專家學者紛紛要求原住民教育改革，建立符合原住民需求的教育體系，以全面提升原住民教育成就與競爭力。因應原住民民間團體訴求，政府開始重視原住民教育主體性，結合

民間資源與學界智慧，提出原住民族教育發展藍圖，一波波標榜著振興原住民文化與多元參與的政策方案紛紛出爐（翁福元、吳毓真，2002）。

　　1997年教育部出版中華民國原住民教育報告書，承認原住民族群特性，提出維護傳統文化、適應現代生活、創新未來願景為政策主軸，並確立尊重文化差異，發展多元教育型態，珍惜固有文化，建立族群自我認同；同時結合社區資源，開啟文化發展生機，增進溝通暸解，促進族群和諧關係，增進原住民文化與其他社會文化相互激盪，因而產生新文化，增益社會文化內涵等訴求（教育部，1997a）。同年，政府增修憲法條文第十條規定：「國家肯定多元文化、並積極維護發展原住民族語言及文化」。基於此規，國家於1998年特別制定「原住民族教育法」，明白揭示「原住民為原住民族教育之主體，政府應本於多元、平等、尊重之精神，推展原住民族教育。原住民族教育應以維護民族尊嚴、延續民族命脈、增進民族福祉、促進族群共榮為目的。」至此，原住民教育政策有了明確的法源基礎，以充分保障原住民之教育權益。

　　原住民族教育法的制定對原住民教育政策具有決定性的影響，該法明確揭示原住民族課程改革，以尊重原住民學生學習主體性，進而發揮適性教育為目標。明定各級政府對學前教育及國民教育階段的原住民學生，應提供學習族語、歷史及文化之機會。各級學校有關原住民族教育之課程發展及教材編選，應尊重原住民意見，並邀請原住民代表參與規劃及設計。2005年政府再公布「原住民族基本法」，規定政府應設置原住民語言研究發展專責單位，並辦理族語能力驗證制度，以推動原住民族語言發展（趙素貞，2010）。

　　法令是民主國家政府施政最重要之依據，政策之宣示端賴行政機關積極實踐。根據原住民族教育法及原住民族基本法之精神內涵，政府據以規畫發展策略，主要透過教育部及行政院原住民族委員會（原民會）二個單位推展原住民族教育工作。教育部主要推動第二期「發展與改進原住民教育五年計畫」，

原民會主要計畫為「原住民族文化振興發展六年計畫（1999-2004 年）」、「原住民文化振興發展六年計畫第二期（2008-2013 年）」、「原住民族語言振興六年計畫（2008-2013 年）」。教育部與原民會共同規劃之「發展原住民教育五年中程個案計畫（2006-2010 年）」、「原住民族教育政策白皮書」及「發展原住民族教育五年中程個案計畫（2011-2015 年）」。二個部會透過計畫施為，以「尊重原住民主體性，發展原住民族教育」為主軸，延續實施振興原住民族文化語言事工，重要政策及建樹臚列如下（行政院原住民族委員會，1998、2006；教育部，1997b、2005 、2010；教育部、行政院原住民族委員會，2011）：

一、原住民族語言政策與法規之規劃。

二、原住民族語言研究、出版之規劃。

三、原住民族語言人才、師資之培育。

四、原住民族族語符號系統之建立及族語語料與辭彙彙編。

五、原住民族語言課程、教材教法與教學媒體之研修、實驗及推廣。

六、原住民族語言能力認證之規劃及推動。

七、原住民族教育設備、資源、傳播媒體之充實與推展。

八、原住民族語言文化教室、部落大學之開設與建立。

根據原住民族教育法之規定，教育部於民國 90 年起推動「國民中小學九年一貫課程」，將語文學習領域列入「鄉土語言」（閩南語、客家語、原住民語），每週教授一堂課，原住民語言納入國小語文學習項目，成為國民教育的正式課程 （教育部，2003）。族語教育納入國民中小學九年一貫課程，賦予

原住民族語教學固定節數，各族學生能透過課程與教學來學習族語，而不再只是由地方政府和各級學校自行規劃之鄉土活動，保障了原住民語言學習權。

教育部也於 2001 起陸續修訂「臺灣地區原住民族籍學生升學優待辦法」，正式更名為「原住民學生升學優待及原住民公費留學辦法」（附件二）。最大的特色即是對原住民升學優待訂出限制條件，規定原住民學生要享受升學優待，必須要取得文化及語言認定，自 96 年度招生考試時開始實施。初期以鼓勵為主，規定取得原住民文化及語言能力證明者，報考學校時就可享有總分加分 35% 優待。其目的在保障原住民學生升學權益，同時用升學優待作為原住民學生學習文化與母語的誘因，配合語言巢教育實施，培養族群語言知能（教育部，2002、2006b）。

結語

從文獻探討可以得知，族語教育政策制定與國際情勢、社會變遷密不可分。本文從國內外弱勢族群發展趨勢與臺灣社會變遷歷史脈絡中，鋪陳原住民族語教育政策發展歷史，將原住民族語教育政策的發展歷程分為三個時期：語言同化期、語言開放期與語言振興期。

第一期為解嚴之前的語言同化期，政府基於國家認同與加強國家意識，推動獨尊華語之同化政策，把原住民視為偏遠落後族群，其語言當作「問題」與野蠻象徵。原住民族在這種語言歧視光景之下，語言受到長期禁制，使得族語生存環境幾乎萎縮殆盡，也造成原住民語言與文化學習斷層，加速了原住民語言流失，對族群發展產生負面影響（張學謙，2002）。

解嚴以後到民國八十年代中期之語言開放期，國際情勢轉變，全球多元文化價值受世人重視，臺灣也在解嚴以後隨著政治開放及民間社會力量的影響，

突破黨國體制桎梏，催生臺灣本土化意識，關懷弱勢族群等議題，逐漸成為臺灣社會運動的主流價值。臺灣族語教育政策也隨之發展，由「同化融合」走向「開放尊重」，肯定不同語言存在價值，已不再傾向於消除原住民文化。1996年鄉土教學活動與教材編輯是多元文化教育的開端，培養尊重和包容不同族群語言，也讓原住民族語言及文化出現發展生機。

　　民國八十年代中期之後的語言振興期，國家尊重原住民族主體性，以振興原住民語言文化為施政目標。民國 87 年公布「原住民族教育法」，提供原住民教育發展的重要契機，讓族語從被支配語言變成國家正式語言，賦予民族語言官方語言地位，開啟了原住民族教育歷史新頁。教育行政機關根據原住民族教育法與原住民族基本法之精神內涵，規劃出許多原住民族教育政策，包括大眾傳播媒體、族語蒐集與記錄，使族語使用範圍能夠更加擴展與延伸。最大的特色即是將族語列為學校正式課程及族語認證升學優待政策，這是原住民族主體性發展以來，對族語教育影響最大之政策，開拓原住民語言振興道路。

　　特別需要關切的是，2014 年即將啟動十二年國教，政府規劃免試入學、超額比序與特色招生之升學制度，這些政策攸關原住民族升學權益及語言文化學習。因為國中基測取消，原住民學生在升學考試中之族語能力加分優惠將不再存在，反而是超額比序之教改政策引起原住民族疑慮。因國中升高中階段之超額比序若無族語認證加分，則有可能造成原住民學生在超額比序項目裡難與一般生競爭。另外，若族語能力加分優惠取消，九年一貫族語課程將缺乏學習誘因，不利於族語學習與文化傳承（王雅萍，2013；蘇佐璽，2013）。原住民族民意代表與人士力促教育部重視教改政策可能產生之弊端，教育部於是研商出新的族語認證加分政策，規定參加免試入學者，其總積分加 10%，但取得族語能力證明者，總積分加 35%（谷暮‧哈就，2013；鄭安住，2013）。這些新的政策即將上路，作者建議教育部和原民會應持續追蹤檢視這些政策對原

住民族語教育與升學進路之影響，以確實保障原住民學生升學權益，同時扶持族語教育發展。

第三章　族語教育之課程規畫

政治解嚴前，少數族群語言文化受到壓抑，解嚴後臺灣本土意識興起，扶助弱勢族群成為政府教育目標，過去被忽視的少數族群文化因而獲得發展生機。1990 年起，臺北縣烏來鄉正式實施族語教學，教育部也將族語教育與鄉土教育結合，使得學生有機會認識自己的鄉土文化。1998 年「原住民族教育法」完成立法，明訂政府對原住民學生，應提供學習其族語、歷史及文化之機會。2001 年教育部九年一貫課程實施，回應原住民族教育法規定，將族語教學納入語言領域，賦予原住民族語法定地位。行政院原住民族委員會也依據「原住民族語言振興六年計畫」，展開族語推展教育工作，包括語言文化教室課程及主題式族語學習課程。本文首先介紹我國九年一貫課程之內容，其後繼之鋪陳語言文化學習課程，以讓讀者了解族語課程實務面向的規畫。

第一節　九年一貫族語課程規畫

政府將族語教學納入學校九年一貫課程正規教育體系中，使族語課程從地方層級轉為國家課程，強化族語教育推行的正當性與必要性，奠定臺灣原住民族語官方語言地位。茲將整體課程目標規畫與課程實施原則說明如下：

壹、課程目標規畫

　　九年一貫課程為政府因應國際趨勢、社會教育改革需求，以提升國民素質及國家競爭力所進行的課程改革。課程以培養具備人本情懷、統整能力、民主素養、本土與國際意識，以及能進行終身學習之健全國民為目標。課程設計以學生為主體，以生活經驗為重心，透過人與自己、人與社會、人與自然等人性化、生活化、適性化、統整化與現代化之學習領域活動，培養現代國民所需的十大基本能力，以達成中小學教育目標。十大基本能力如下（教育部，2003）：

一、瞭解自我與發展潛能

　　充分瞭解自己的身體、能力、情緒、需求與個性，愛護自我，養成自省、自律的習慣、樂觀進取的態度及良好的品德；並能表現個人特質，積極開發自己的潛能，形成正確的價值觀。

二、欣賞、表現與創新

　　培養感受、想像、鑑賞、審美、表現與創造的能力，具有積極創新的精神，表現自我特質，提升日常生活的品質。

三、生涯規劃與終身學習

　　積極運用社會資源與個人潛能，使其適性發展，建立人生方向，並因應社會與環境變遷，培養終身學習的能力。

四、表達、溝通與分享

　　有效利用各種符號（例如語言、文字、聲音、動作、圖像或藝術等）和工具（例如各種媒體、科技等），表達個人的思想或觀念、情感，善於傾聽與他人溝通，並能與他人分享不同的見解或資訊。

五、尊重、關懷與團隊合作

　　具有民主素養，包容不同意見，平等對待他人與各族群；尊
　　重生命，積極主動關懷社會、環境與自然，並遵守法治與團
　　體規範，發揮團隊合作的精神。

六、文化學習與國際瞭解

　　認識並尊重不同族群文化，瞭解與欣賞本國及世界各地歷史
　　文化，並體認世界為一整體的地球村，培養相互依賴、互信
　　互助的世界觀。

七、規劃、組織與實踐

　　具備規劃、組織的能力，且能在日常生活中實踐，增強手腦
　　並用、群策群力的做事方法，與積極服務人群與國家。

八、運用科技與資訊

　　正確、安全和有效地利用科技，蒐集、分析、研判、整合與
　　運用資訊，提升學習效率與生活品質。

九、主動探索與研究

　　激發好奇心及觀察力，主動探索和發現問題，並積極運用所
　　學的知能於生活中。

十、獨立思考與解決問題

　　養成獨立思考及反省的能力與習慣，有系統地研判問題，並
　　能有效解決問題和衝突。

　　九年一貫課程規畫七大學習領域，分別是語文、健康與體育、社會、藝術
與人文、數學、自然與生活科技及綜合活動。語言學習領域中包括本國語文和
英語兩部分，而本國語文又分成國語文、閩南語文、客家語文、以及原住民語

文四類。關於原住民語文在課程綱要中列出五個基本理念（詳見附錄一）（教育部，2008）：

一、多元文化之理念，尊重各民族語言，實施原住民族語教學，
　　促進相互瞭解，奠定整體社會和諧與發展之基礎。

二、以彈性原則訂立原住民族語教學之實施階段與學習能力指
　　標，提供原住民族語教師與教材編寫者參考。

三、根據原住民族語之實際發展，經過縝密整理、迻譯與詮釋，
　　搭配其他語文，共同建構本國語文課程。

四、妥善運用各種教學環境與教學資源，活化原住民族語教學。

五、重視原住民族語之主體性與現代特色，積極營造適宜的環
　　境，培養學生主動學習族語的興趣，以傳承族語。

　　配合九年一貫十大基本能力及理念，原住民語文課程目標是以理解及尊重原住民文化為核心，培養學生使用族語、進行族語思考、探索與創造之能力。除了使學生產生對族語的認同感，族語課程也在幫助學生理解多元文化，尊重各族群語文，奠定整體社會和諧與發展之基礎。下表為原住民語文課程目標：

表1　原住民語文課程目標與十大基本能力對照表

十大基本能力	原住民語文課程目標
一、瞭解自我與發展潛能	瞭解原住民文化的內涵、熟悉原住民語言的特性，建立自信，以為自我發展之基礎。
二、欣賞、表現與創新	培養學生應用原住民語從事欣賞與表現之興趣和能力，並藉此創新原住民文化的精神和特色。

三、生涯規劃與終身學習	具備原住民語學習之自學能力，樂於終身學習原住民文化，並將原住民文化的傳承與推廣視為終生責任。
四、表達、溝通與分享	應用原住民語表情達意，並藉此將原住民文化的內涵分享給他人。
五、尊重、關懷與團隊合作	透過原住民語互動的情境，傳遞原住民文化的精神和特色，並從相處中也尊重和關懷他種語言的文化，建立彼此相互信任、合作的團隊精神。
六、文化學習與國際瞭解	透過原住民語學習原住民文化，並從認識外國文化及不同族群之文化習俗中，發展包容、寬廣的視野。
七、規劃、組織與實踐	應用原住民語言研擬發揚原住民文化、形成學習原住民語言文化的社群，並落實於日常生活中，且積極推廣於各項文化活動。
八、運用科技與資訊	充分運用科技與資訊進行原住民語言文化的形式和內涵之整理保存，並藉由科技工具和設備，擴充原住民語與他種語言交流的機會，展現出臺灣多元語言的特色。
九、主動探索與研究	培養主動使用原住民語的習慣，及探索、研究原住民文化與他種語言文化的興趣和態度。
十、獨立思考與解決問題	應用從原住民文化發展出的獨特視野，建立詮釋、批判的獨立思考能力，並藉此解決所面臨的問題。

資料來源：教育部（2008）。**國民中小學九年一貫課程綱要語文學習領域（原住民族語）**。線上檢索日期：2009 年 12 月 10 日。取自 http://teach.eje.edu.tw/9CC2/9cc_97.php

貳、課程實施原則

　　九年一貫課程實施要點中規定族語課程實施的年級、時間以及修習方式。自九十學年度起，國小一至六年級學生，必須就閩南語、客家語、原住民語等三種鄉土語言任選一種修習，國中則依學生意願自由選習。課程之實施分三階段，第一階段為國小一年級到三年級，第二階段為國小四年級至六年級，第三階段為國中一年級至國中三年級。依照三個階段，又列出了不同的學習目標，

協助學生在說話能力、聆聽能力、音標系統應用能力、寫作能力、閱讀能力等方面的發展。原住民語文各階段之能力指標詳見附錄一，教師可依學生、班級及學校現況彈性調整，靈活運用。此外，要點也針對課程實施過程中之師資來源、教學事宜、教材編製及教學評量做了原則性說明（教育部，2008）。

一、師資來源

依據「原住民族教育法」第二十條規定：「各級各類學校相關課程及教材，應採多元文化觀點，並納入原住民各族歷史文化及價值觀，以增進族群間之瞭解及尊重。」第二十六條規定：「各級各類學校為實施原住民族語言、文化及藝能有關之支援教學，得遴聘原住民族耆老或具相關專長人士；其認證辦法，由中央原住民族主管機關定之。」因此，原住民族語課程之編選及其教學，均應尊重原住民之主體地位，為達成具體教學成效，應遴聘原住民族耆老及相關專長人士進行教學。

二、教學事宜

原住民族語教學之本質為文化教學，故原住民族語教學，應依據原住民文化的屬性、族群差異、居住地區等條件規劃彈性方式，積極營造貼近族群文化的族語學習環境，以自然輕鬆的方式學習族語。原住民族語的學習應重視拼音能力，其整體教學實施必須與族群文化之學習結合，並與部落社區互動，使族語的教學能夠符合實際的需求。

三、教材編製

國民中小學階段原住民族語課程教材包含影音教材及平面教材，其編製依據學生興趣、需要及能力，其內容力求淺顯、活潑和實用，各階段以聽、說能力的培養為主，讀、寫能力的訓練為輔。學校正式族語課程教材外，宜編製族群民謠、民間故事、俗諺、習俗及相關文學作品的讀本，提供補充教學及學

生自學的材料。

四、教學評量

　　原住民族語教學的目標首重培養實際運用的能力，並藉由語文的學習認識族群相關的歷史文化。其評量宜採用多元方式，依據階段學習的重點，訂定實際評量的方式。除針對學習過程的具體表現和學習態度等項目進行評量外，同時亦可採取檔案綜合評量方式，就其整體學習作為與表現進行全面的評量。各階段的能力評量，宜用口頭演練與實際溝通的方式進行。原住民族語教學與評量應建立適當的準則，使學生對於族語的學習，能有高度的興趣，其學習成就亦能維持基本水準，避免因為評量的形式化而使學習窄化，或因評量鬆散而無法激勵學習。

第二節　語言文化學習課程規畫

　　除了學校教育外，行政院原住民族委員會為激發原住民對族語的重視，參考西方國家少數族裔語言復振經驗，將族語學習家庭化、部落化與社區化列為「原住民族語言振興六年計畫」重點工作之一。從 2007 年開始實施族語學習計畫，結合各級機關、教學研究單位及民間團體之資源，開設語言文化學習課程，擴展族語在家庭、部落與社區使用場域，活絡族語發展之生機。該計畫課程類的規畫可分四個部分：語言巢課程、族語能力考試輔導學習課程、族語學習營及戲劇競賽（行政院原住民族委員會，2012b）。

壹、語言巢課程

　　為了振興原住民語言，我國借鏡紐西蘭毛利族推行的 kohanga reo 方式，

也就是語言巢（language nest），在私人住宅學校、傳統會堂，提供兒童浸潤式（immersion）族語教育環境。由精通毛利語言的孩童照顧者，教導毛利人價值觀與風俗。這樣人際互動家庭式的教育方式，成功地復振毛利語言與文化（張學謙，2002）。原民會仿傚紐西蘭經驗，於各原住民部落推動語言巢實施計畫，協助地方機關輔導部落、社區組織、民間團體、教會團體成立語言巢，邀請具有族語能力之專家學者、社區人士及教師共同推動，希望能在學校本土語言課程之外，提供原住民學生另一個學習族語的機會。

（一）實施對象：

    1. 以一般民眾、在學學生及兒童（含家庭成員親子共學）為實施對象。

    2. 開辦人數在原住民族地區部落或社區不得低於 20 人、都會地區不得低於 6 人為原則。

（二）設置（或輔導成立）條件：

    各級主辦機關應依據地方特性、原住民族群及人口分布狀況，選擇適當之地區、社區或部落，設置（或輔導成立）語言文化教室，轄內主要族群均應優先設置。但為免資源重置，已補助成立青少年文化成長班及部落大學分校所在地之社區（或部落），不得再行設置（或輔導成立）。

（三）開辦地點：

    學校、圖書館、社區活動中心、聚會所或教會，並須備有黑（白）板、課桌椅及衛生等設備。

（四）授課時間：

    1. 定期於每週六（或週日）分齡開設「兒童族語班」、「青少年族語班」、「成人族語活動班」之課程（得視族人參加之意願，始得實施混齡教學），並得配合學生寒暑假期間調整實施日程，總授課時間不得少於

25 週、150 小時。

2. 參加族語學習營學習期滿，且成績優良者，應頒發結業證書。學習期間如請假時數逾授課時數五分之一者，不得發給結業證書。

（五）師資條件：

各級主辦機關應優先遴聘當地之合格師資授課，其遴聘之優先順序如次：

1. 通過族語能力認證考試，並參加原住民族語言振興人員研習結業者（須附合格證書及結業證書）。

2. 曾擔任族語能力認證考試試務（命題或口試）委員，並曾參加政府機關（學校）辦理之原住民族語言研習結業者（須附聘書及結業證書）。

3. 曾擔任族語振興人員研習之講座者。

4. 除遴聘合格師資進行授課之外，如因課程需要，另可聘任部落耆老或有教學經驗族人協助授課。

（六）課程設計：

語言文化教室（或語言巢）之課程，應由族語教師運用創意自行設計，課程內容及設計方式應盡量採用動態方式進行（如繪圖、唱歌、遊戲、競賽、角色扮演及舞蹈等），避免流於制式化靜態教學方式，相關之教案及教具之規劃設計，至少應包含下列範疇：

1. 採用原民會與教育部於 2005 年會銜頒布之「原住民族語言書寫系統」，教授族語語音及書寫系統。

2. 圖解式族語小詞典。

3. 基本日常生活會話用語。

4. 九年一貫原住民族語言教材。

5. 原住民歷史、文化、傳統慣俗及神話傳說故事。

6. 傳統及現代創作歌謠。

7. 社區或部落之生態資源（如動、植物）及人文特色（含人事地物）。

（七）學習成果評量：

　　族語教師應依課程內容設計學習評量表，以瞭解學員學習情形，並隨時調整教學課程內容，以因應學員之需求與程度，增進學習興趣與效能。

　　計畫實施以來，輔導部落或社區整合族語師資與耆老，成立語言文化教室（或語言巢）計 280 班次，預估參加人數約計 7,000 餘人。該計畫能彌補國民中小學語言教學授課時數不足之缺憾，也提供原住民兒童母語薰陶環境，同時藉語言巢教學，族人能凝聚在一起，也讓所有參與者能有歸屬的感覺，進而達到族語學習家庭化、部落化與社區化之目標（行政院原住民族委員會，2012b）。

貳、族語能力考試輔導學習課程

　　原民會舉辦原住民學生升學優待取得文化及語言能力證明考試，為協助學生參加上述考試，協請部落或社區整合當地族語人才與耆老，開辦原住民學生參加族語能力考試輔導學習課程。

（一）實施對象：

1. 以就讀國中、高中（職）及五專之原住民學生為對象。
2. 開班人數以 20 人為原則，如學生人數不足，授權由各縣市主辦機關決定是否同意其他在學學生參加。

（二）開辦條件：

　　各級主辦機關應依據地方特性及原住民學生人數，選擇適當地區、社區或部落，開辦族語能力考試輔導學習課程。但為免資源重疊，已補助成立青少年文化成長班、部落社區大學分校所在地，及設置語言文化教室（或語言巢）之部落或社區，不得再行開辦。

（三）開辦地點：

　　學校、圖書館、部落教室、活動中心或教會，並須備有黑（白）板、課桌椅及衛生等設備。

（四）授課時間：

1. 自 101 年起利用星期假日或學生寒暑假期間開辦，每班以實施 20 小時為原則（每日至少授課 2 小時），但各級主辦機關得視學生學習情形，延長授課時間。

2. 參加族語學習營學習期滿，且成績優良者，應頒發結業證書。學習期間如請假時數逾授課時數五分之一者，不發給結業證書。

（五）師資條件：

1. 通過族語能力認證考試，並參加原住民族語言振興人員研習結業者（須附合格證書及結業證書）。

2. 曾擔任歷屆族語能力認證考試試務（命題或口試）委員，並曾參加政府機關（學校）辦理之原住民族語言研習結業者（須附聘書及結業證書）。

3. 曾擔任族語振興人員研習之講座者。

4. 除遴聘合格師資進行授課之外，如因課程需要，另可聘任部落耆老或有教學經驗族人協助授課。

（六）課程內容：

1. 原民會與教育部於 2005 年會銜頒布之「原住民族語言書寫系統」，教授族語語音及書寫系統。

2. 原民會編製之基本詞彙、生活會話百句及試題範例及練習題。

（七）學習成果評量：

　　族語教師應依課程內容設計學習評量表，以瞭解學員學習情形，並隨時

調整教學課程內容，以因應學員之需求與程度，增進學習興趣與效能。

　　該計畫自 97 年度起迄 100 年度已執行 4 年，總計原住民學生參加族語能力考試輔導學習課程計 60 班次，預估參加人數約計 1,500 餘人。透過課程協助，自 97 年度起迄 100 年度，原住民學生已取得文化及語言能力證明書者超過 5 萬人，保障原住民學生升學優待之機會與權益（行政院原住民族委員會，2012b）。

參、族語學習營

　　為推動具創意之母語教學活動，原民會結合中央與地方機關資源，透過部落或社區組織之協助，辦理主題式族語學習體驗活動，分別為「語言文化生活體驗營」、「語言文化薰陶營」與「族語魔法學校」。

（一）實施對象：

1. 以各語言文化教室（語言巢）推薦之學員為主，並以國小三年級至國中三年級之原住民學生為優先。

2. 主辦單位得視各語言文化教室（語言巢）之學員人數，酌量調整推薦參加之人數。

3. 主題式族語學習體驗活動各梯次參加之學員人數不得低於 30 人，族語魔法學校各班參加之學員人數不得低於 20 人。

（二）開辦條件：

　　為有效培養原住民學生之族語能力，提供優質之族語學習環境，並延伸各語言文化教室（語言巢）之教學成效，縣（市）主辦機關應依據原民會核定之班次，利用暑假期間開辦主題式族語學習體驗活動或族語魔法學校。

（三）師資條件：

　　縣（市）主辦機關應嚴聘轄內各族資深優秀之族語教師擔任教學群。

（四）課程設計：

　　應由族語教師運用創意自行設計，課程內容及設計方式應盡量採用動態方式進行，避免流於制式化靜態教學方式，相關之教案及教具之規劃設計，至少應包含下列範疇：

1. 主題課程——a. 認識自己　　b. 認識部落　　c. 認識傳統美食。
2. 活動課程——a. 原住民藝術　b. 原住民體育　c. 原住民童玩。
3. 團體課程——a. 原住民的歌　b. 原住民的舞。
4. 展演課程——a. 戲劇表演　　b. 營火晚會　　c. 成果展演。

（五）學習成果評量：

　　族語教師應依課程內容設計學習評量表，以瞭解學員學習情形，並隨時調整教學課程內容，以因應學員之需求與程度，增進學習興趣與效能。

　　依原民會統計，至 2011 年透過營隊方式辦理青少年體驗活動共計 40 梯，參加人數約計 1,000 餘人。這些活動能有效運用族語師資，規劃具民族文化內涵之動態族語課程，創造青少年族人接觸族語與文化之經驗，激發原住民使用族語之動力與認同（行政院原住民族委員會，2012b）。以新北市族語魔法學院福山、金美及米倉校區為例，每一梯次都超過 40 位學員與 10 多位族語教師參與。課程內容結合了語言、文化及民族教育，透過生活化之全族語學習情境，以輕鬆自然方式，讓孩子願意說族語。老師們也帶領學童學習傳統技藝與藝術創作、傳統美食及山林技能的獵人課程，讓孩子透過體驗活動，感受原住民文

化的豐富，進而認同並傳承原住民族傳統。

肆、族語戲劇競賽

行政院原住民族委員會辦理原住民族語戲劇競賽，藉以驗證族語學習計畫之推展成效，規定各主辦機關輔導設置之語言文化教室（語言巢）應組隊參賽外，並鼓勵原住民家庭、部落或社區組織及各界人士組隊參賽，期透過情境式表演，激發族人創意，深化語言文化之使用經驗。

（一）實施內容：

區分為家庭組族語短篇話劇及一般團體組族語舞臺劇 2 組競賽：

1. 家庭組族語短篇話劇比賽：
   （1）以家庭為競賽單位，參賽人員以領隊之三親等血親為限，且至少須有 1 名為 18 歲以下之青少年。
   （2）話劇演出題材，以家庭或部落日常生活、歷史文化為主，並鼓勵其他意象創作。
   （3）參賽隊伍應提供族語與中文對照之劇本對白內容，以利評審委員及其他參賽人員在母語發音的演出中，能夠無礙地理解演出內容。
   （4）參賽隊伍須配合劇情製作簡易道具。

2. 一般團體組族語舞臺劇比賽：
   （1）除各主辦機關輔導設置之語言文化教室（語言巢）應組隊參賽外，機關、學校、團體（專業演藝團體除外）及各界人士，均可自由組隊參加。
   （2）為鼓勵青少年學習族語，並鼓勵親子共學，各隊參賽人員至少須

有 4 名為 18 歲以下之青少年；如以青少年組隊參賽者，至少須
有 4 名為 18 歲以上之青年或成年人。

（3）舞臺劇之演出題材以部落日常生活、歷史文化及神話傳說為主，
並鼓勵其他意象之創作。

（4）參賽隊伍應提供族語與中文對照之劇本對白內容，以利評審委員
及其他參賽人員在母語發音的演出中，能夠無礙地理解演出內
容。

（5）參賽隊伍須配合劇情製作簡易道具。

（二）辦理方式：

辦理期程依原民會訂頒之實施辦法辦理，初賽場地與賽程，由各縣（市）
政府規劃辦理，全國競賽（決賽）之場地與賽程由原民會規劃辦理。

行政院原住民族委員會補助各縣（市）政府舉辦原住民族語戲劇競賽活
動，並辦理全國競賽，鼓勵原住民家庭、社區組織激發創意，透過情境式之族
語、音樂與舞蹈表演設計，活絡語言文化之使用，並藉以建立觀摩交流平台，
激發族人對族語之重視。此外，原民會期望透過精緻戲劇與藝術設計，賦予原
住民文化生命力，讓民眾感受不同族群的生命經驗，進而創造多元文化新價值
（行政院原住民族委員會，2012b）。

結語

家庭、學校、社區是影響語言學習之社會脈絡，三者存在著唇齒相依關
係。家庭是族語學習的社會化基礎，學校是族語學習的主要推動場域，社區提
供族語學習的豐富資源，三者互為聯繫配合，族語學習較具果效；反之三個網

絡無法建構，將形成族語學習的阻礙（Fishman, 1991；吳璧如，2003；郭玉婷，2001；黃森泉，1999）。從族語教育的課程規畫來看，教育部與原民會竭盡資源，結合學校、部落、家庭力量，期待能營造更完善的族語學習環境。

　　教育部主要著力於學校正式課程規畫，族語教育納入國民中小學九年一貫課程，不再只是由地方政府和各級學校自行規劃之鄉土活動，為臺灣原住民族語奠定官方語言地位，保障了原住民的語言學習權。九年一貫課程綱要也明確規範族語教育之理念、目標、學生能力指標、教學原理原則、教材編纂依據，使得課程設計與教材教法有了依循方向。但學校推行族語課程多年來，有研究發現每週一節的時間，教學時數不足，學生能聽與說族語已經吃力，要表現讀和寫的能力更是困難，因此課程綱要中的學生能力指標要達成實屬不易（林志光，2003；林惠文，2004；陳枝烈，2010），課綱能力指標仍有待進一步檢討與修訂。

　　族語教育不可能只在學校落實，家庭、部落才是真正學習族語的基礎溫床。原民會近幾年從家庭與社區著力，藉由語言巢課程、族語能力考試輔導學習課程、族語學習營及戲劇競賽等規畫，提供多元族語學習管道，是值得努力與持續發展之方向。2012原民會更積極成立第三學期制的民族實驗學校，針對國高中階段學生，於寒、暑假及週休時間，實施以傳統語言、文化為內涵之課程（周惠民，2012；陳枝烈，2012）。上述課程處處可見原民會創新與務實並重，不遺餘力地推動族群、文化、語言教育，但因目前第三學期民族課程仍屬實驗性質，是否能達成對原住民青年民族文化認同與族語復振之目標，實施成效仍有待評估，但仍期待這樣的課程能產生實質效益，補充學校正式課程之不足，擴大族語教學成效，形成族群文化發展的契機。

第四章　族語教育之師資培育

「原住民族教育法」完成立法並公布實施後，為了確保原住民族語能傳承下一代乃設計了幾項政策：族語教學納入學校九年一貫課程正規教育系統中、推動原住民族語認證與加分優待、語言文化教室及主題式族語學習課程規畫。這幾個政策面向均需藉助基層族語教師來推動教導，因此開啟了原住民族人成為教師的管道。然而，原住民族語言種類廣泛，師資來源是族語教學最大的侷限。教育部及原民會採取二個策略來解決師資問題，一是族語師資語言認證制度，經過認證及培訓成績及格者，得至國中小支援語言教學課程；一是辦理教師研習進修，持續培育適任之語言教師。以下分別從師資語言認證制度、培育課程與專業素養需求等三方面進行說明。

第一節　族語師資語言認證制度

依據原住民族教育法規定，原住民語文課程之編選及其教學，均應尊重原住民之主體地位，應遴聘原住民耆老及相關專長人士來進行教學。教育部於2001 年起實施九年一貫課程，學習族語需要大量族語教師，然而現有師資不敷需求，基於學校與社區資源相互運用原則，得聘請原住民耆老及具相關專長

人士來協助教學。原住民族教育法施行細則明確規定，原住民族語言文化之相關人員，指具備下列各款情形之一，並提出證明者：

一、曾修習大專校院開設之原住民族語言文化課程 4 學分以上者。

二、曾參加政府辦理或已立案機構開設之原住民族語言文化研習課程 72 小時以上者。

三、著有與原住民族語言文化相關著作者。

四、於原住民事務相關機關、團體從事原住民族語言文化工作 2 年以上者。

　　行政院原住民族委員會依據原住民族教育法之規定，擔任族語教學之師資應通過族語能力認證，於是研訂「原住民族語言能力認證辦法」，對全國原住民各族的語言能力進行資格檢定工作，培養及儲備族語教學人員。首先，擬訂「各級學校原住民族語言教師語言能力認證作業要點」，遴選各族群語言認證委員，展開族語能力認證工作（行政院原住民族委員會，2001）。原民會委託具公信力及專業水準之學術機構及民間團體辦理族語能力認證，首屆委託國立政治大學原住民族語言教育文化推展中心規劃與執行，舉辦全國第一次原住民族語能力認證考試。

　　原住民族語言能力，係指各該族語言之聽、說、讀、寫能力。語言能力認證採「書面審查」、「薦舉」及「筆試及口試」等三種方式。書面審查為從事族語教學或研究有具體成果或著作者，申請人不以原住民為限，唯外國人須設籍在中華民國境內。薦舉條件為原住民耆老年滿 55 歲並精熟各該族語言能力者，由機關團體推薦。筆試及口試開放所有精熟原住民語言者報名，不以原

住民為限，且不受族別及學歷之限制。認證合格者，由原民會發給原住民族語言能力證明。

　　原住民族語能力認證考試共辦理過 4 屆，2001 年開辦的族語認證是因應九年一貫課程母語教師的需求，以培養及儲備族語教學師資為目的，之後辦理的目的是持續針對全國原住民各族語言能力進行資格檢定，以提昇族人聽、說、讀、寫的族語能力。這項考試因族語及語別數目眾多，成為複雜度及困難度最高、動員人數最多的一項考試，在國內外都可說是史無前例的創舉（邱文隆，2012）。未來若能進一步建構族語人才庫，培育這些通過認證的族人從事教學、教材及字辭典編纂、文化復振等工作，充分發揮通過族語能力認證者之專長，使其成為族語推展之重要助力，更能達成族群、文化、語言傳承之目的（黃美金，2007a）。

第二節　族語師資培訓課程內容

　　原住民族教育法明訂，原住民族教育之師資應修習原住民族文化或多元文化教育課程，以增進教學專業能力。為培育族語教師專業素養，教育部與原民會採取兩種方式辦理，針對非現職教師（一般人士）方面：通過原民會辦理之原住民族語言能力認證，並參加 36 小時專業課程培訓結業後，可以取得原住民族語課程之「兼任教師」資格。現職教師方面：調查有意願、能力者，由教育部安排 72 小時之培訓課程，結訓後即具有擔任原住民族語教學資格。

　　遴聘原住民族耆老或相關專長人士通過語言能力認證者之 36 小時培訓課程，內容分為 3 個部分，分別是原住民語言文化課程、原住民語言結構課程、原住民族語教學專業課程，如下表（黃美金，2009）。

表2　原住民族語教學支援人員研習課程

科目名稱	時數	授課重點
臺灣語言概論	2	含臺灣（原住民）語言種類及其分布情形
語音及書寫系統	8	含語音／書寫系統、發音練習、記音實務練習／書寫練習
詞彙及語法結構	10	含詞彙結構、語法結構
原住民族語教材教法	8	含族語聽、說、讀、寫教學法；發音、詞彙、句型教學法
原住民族語教學觀摩與實習	8	含教學觀摩、試教
合　計	36	

資料來源：黃美金（2009）。臺灣原住民族語教學之回顧與展望。**清雲學報**，**29**（4），166。

　　參加原民會辦理之原住民族語言能力認證取得能力證明及族語支援教學人員研習取得研習證書者，即具有國民中小學教學支援人員之聘任資格。各校聘任教學支援人員，應公開甄選，並經教師評審委員會審查通過後，由校長聘任之。教學支援人員之聘任期間，每次最長為1學年，但未達1學期者，得逕由校長聘任之。教學支援人員依其認證類科，以擔任國民中小學特定科目、領域教學為限，不得轉任或兼任其他課程之教學。教學支援人員之教學時間，依各校每週教學之節數，合計以不超過20節為原則。教學支援人員之待遇，依各校實際授課之節數支給鐘點費。教育部補助各縣市族語教學支援工作人員經費，依開班族別及開班數總節數計算，每節單價320元，外加勞健保及勞退提撥6%。此外，教學支援人員於受聘期間，得享有下列權利（教育部，2011）：

　　一、對學校教學及行政事項提供興革意見。

　　二、參與教學有關之校內研習或活動。

三、享受學校各種教學資源。

除了教學支援人員外，另一類師資來源為現職教師。自學校鄉土教學活動實施以來，仍有許多族語教師專業素養不足。為了加強這些族語教師之族語教學專業能力，教育部安排 72 小時之原住民族語種子師資培訓課程，內容包括原住民語言文化課程、原住民語言結構課程、及原住民族教學專業課程，如下表（黃美金，2009）。

表 3 國民中小學原住民族語種子教師培訓課程

類別	科目	時數	授課重點
原住民語言文化課程	臺灣語言概論	2	含臺灣（原住民）語言種類及其分布情形
	臺灣原住民文化概論	4	含文化習俗、祭儀
	臺灣原住民歷史	4	含原住民歷史綜論、族群史各論
	臺灣原住民口傳文學	4	含神話傳、民間故事、俗諺
	臺灣原住民表達藝術	4	含歌謠、舞蹈、陶藝、雕刻、編織、圖繪
	小計	18	
原住民語言結構課程	語言及書寫系統	8	含語音/書寫系統、發音練習、記音實務練習/書寫練習
	詞彙及語法結構	10	含詞彙結構、語法結構
	語言田野調查方法概論	4	含語言田調意義、語言田調步驟、語言田調內容
	小計	22	
原住民族語教學專業課程	原住民族語教材教法	8	含族語聽、說、讀、寫教學法；發音、詞彙、句型教學法
	原住民族語教材編纂	4	含教材編纂原則（強調與生活、文化結合的教材）、平面教材及有聲教材的介紹及編纂練習

	原住民族語教學活動設計	4	含聽說讀寫教學活動設計、主題式教學活動設計、童謠教唱、遊戲
	原住民族語教學觀摩與實習	8	含教學觀摩、試教
	原住民族語教學媒體應用	4	含教學媒體的選擇、各類媒體的應用方法、電腦媒體的應用
	原住民族語教學評量	4	含多元評量方式、評量原則與技巧、及檔案評量等之介紹與應用
	小計		32
合計	72		

資料來源：黃美金（2009）。臺灣原住民族語教學之回顧與展望。**清雲學報**，29（4），166。

以上之族語師資培訓課程，增加了語言文化課程，包括文化習俗、祭儀、神話傳說、藝術領域等課程，另外因應資訊科技時代趨勢，增加教學媒體和電腦媒體課程，促進教師網際網路及大眾科技運用能力；而評量也強調方式的彈性與多元，以配合族語教學性質和學生學習內容。除了正式課程規畫，原民會也開辦族語研習班、族語教學觀摩、族語教學師資研習班、族語教材編輯研習班等，以增益族語教師之專業知能。

第三節　族語師資專業素養需求

因應九年一貫課程族語師資的需要，教育部及原民會舉行原住民族族語認證考試及師資培育課程，促動會說族語的原住民加入學校教學行列，減緩了師資缺乏的壓力。然而，這一群族語生力軍進入職場後，對族語教育產生了什麼樣的效能？這樣的師資培育制度是否能滿足族語教育的需求，帶動族語學習的風氣，為族語復興帶來一線新的契機？以上都是有關族語師資的重要課題。本文透過相關文獻分析，針對族語教師之專業素養提出評估，同時也歸納整理

教師專業發展之需求，以提供師資培育之參考。

壹、族語師資素養評估

　　相關研究指出，學校中的原住民老師已經過師資培訓過程與實際教學經驗，因此較能掌握教學技巧或是學生學習狀況，但是也有調查報告指出，許多原住民教師菁英，因族語使用機會不多或遠離部落生活已久，語言溝通能力與族群文化之專業素養仍有待加強。而對族語及文化較具了解的，卻有教授族語為額外負擔的想法，影響其投入族語教育之意願（林光輝，2001；高淑芳、裘友善，2003）。

　　通過認證的支援教師具有深厚的族語能力，但只經過 36 小時的短時間研習課程，教學者所需具備的專業能力，如教育概論、教育心理、課程設計、教學原理、班級經營等並未在課程之內。因此，教師的教學觀念、技術、教材設計能力較為欠缺，對學校生態環境、學生學習特性的了解也有限。再者，目前的師資培育課程雖然有納入教學觀摩與實習課程，但教師只是觀摩、試教，並未實際到現場教學。在缺乏專業知識與實務經驗的情況下，使得教師對其工作性質與可能遭遇的困難不甚清楚，一旦進入教學現場即產生許多瓶頸，諸如無法引起學生學習興趣、班級秩序無法掌控、家長配合度不高等，也造成老師教學上的挫折與無力感（洪志彰，2006；陳勝榮，2002；黃美金，2009；劉唯玉、詹森、葉峻廷、廖慶達，2003；謝佳雯，2003；簡秀如，2004）。

　　再者，學校行政的支持亦是影響族語教師專業素養之重要因素。國外學者 Cummins（1989）指出，當學校行政與教師重視族群文化，少數族裔學生較少出現失敗的學習表現。Artiles（1996）的研究指出，學校若有支持多元文化之政策與行動，則有助於教師關照少數民族學生之教學規畫。Dilworth 和 Brown（2001）的研究也指出，許多學校只重視主流語言和文化，而忽視其他不同

文化的議題，這樣的校園環境是無法讓學生具有多元文化視野。Partington, Richer, Godfrey, Harslett and Harrison（1999）研究學校環境對教導原住民學生的教師之影響，結果顯示該校校長重視主流文化，建構了讓原住民學生或家長感受到排斥的校園環境。教師努力提供原住民學生適當的教育，但也感受到校長的不支持。目前國內學校族語教學也顯出一些問題，許多學校不重視族語教學，使得族語教師多得自己面對所遇到的問題，包括教材、教學設備與教學輔導的支援均甚為缺乏，使得族語教師多有孤立無援的感受。學校自辦族語教學研習或教師協同合作之比例低，教師也無法進一步增進專業知能（王麗瑛，2002；周惠民、顏淑惠、黃嘉琳，2009；林志光，2003）。

由上述文獻分析可知，國小在職之原住民籍老師面臨族語能力不佳或是教學意願之問題，族語支援教師則因培育課程時程太短，專業訓練不足，缺乏面對學生的臨床經驗與教學設計能力，造成教學效能無法發揮。另外，族語支援教師對學校生態不了解，學校行政也缺乏支援，使得族語支援教師多有孤軍奮鬥的感受。因此，族語師資培育仍有待進一步調整，以解決族語教師困境，提昇族語教師之專業素養。

貳、族語師資專業需求

從國外經驗來看，紐西蘭政府全力補助毛利語教師訓練方案，師範學院將毛利語列為必修課程，也提供毛利語言助教參加師資培育課程，成為合格毛利語教師（黃麗蓉，1999）。紐西蘭語言巢的師資培訓規定，教師必須完成400小時的訓練，且在語言巢裡工作500小時。課程內容包括：語言學習、語言浸滲、語言計畫、語言復振、教材製作、族語語言學、文化相容課程、原住民教育與多元文化教育；非教師者則需加上有關兒童發展、教室管理、教學理論與

實務、教案設計與實習等課程。比對臺灣的族語師資培育研習時數與內容，雖具備教師民族語言、文化素養及基本教學專業知能，但培訓時數及內容過少，以致於專業學習無法深入，成為師資素質難以提昇原因之一（引自江秀英，2006）。有鑑於此，作者蒐集多位學者看法（巴義慈，2001；王麗瑛，2002；林惠文，2004；黃美金，1998；謝佳雯，2003），統整出族語教師專業素養需求，分別為族群、文化、語言素養、族語教學專業素養、族語教師個人素養等內容，作為相關單位規劃族語師資培育之參考。

一、 族群、文化、語言素養

（一）瞭解族群文化概論、臺灣原住民歷史、口傳文學與藝術。

（二）瞭解語言學理論、原住民詞彙、語法、語音及書寫系統。

（三）具備熟練的族語表達能力，以引導學生正確使用母語。

（四）瞭解語言與文化有關政策、法案及語言傳承的基本議題。

（五）熟悉語言田野調查方法，以蒐集語言與文化之相關資源。

（六）具備多元文化理念，協助學生欣賞、尊重、及發展族群文化。

二、 族語教學專業素養

（一）具備教育與學習心理、語言學習與認知發展知能，以瞭解學生與其學習特性，發展適性之族語課程。

（二）具備教材編製能力，讓教材呈現族群文化價值。

（三）瞭解族語教學理論與方法，設計生動活潑之教學活動，激發學生學習興趣。

（四）能善用教學媒體、掌握合宜的教室經營氣氛，營造族語溝通教學情境。

（五）瞭解評量原理與方法，能運用各種教學評量方法，改進族語教學。

三、族語教師個人素養

（一）瞭解族群傳承的責任，具備使命感與教學熱忱，培養學生族群文化語言之認同與學習態度。

（二）具備家長溝通能力，使家長了解與支持族語教育。

（三）具備積極主動成長之動能，透過研習、教學觀摩、經驗分享、教學反思等各種管道吸收專業知能，持續不斷地專業成長。

結語

九年一貫課程實施後，原住民族語納入課程實施教學，師資來源與培育成為最迫切之需求。教育部與原民會採取之因應策略為，辦理在職教師研習及語言認證、培訓課程，遴聘原住民族耆老或相關專長人士擔任兼任教師工作，以紓解族語教師短缺之困境。然而，許多研究指出，族語師資培訓課程與時數明顯不足，導致教學效能無法發揮。有些學校則不重視族語教育，造成族語教師孤立無援。族語師資培育應建立一套完整的系統，以解決族語教師所面臨的困境。長久之計，建議政府能鼓勵大學相關系所或中心，培育原住民族語教學師資，並透過在職進階研習，持續協助教師教學精進。

本文統整相關學者建議，提出族語師資素養需求，包括族群、文化、語言素養、族語教學專業素養、族語教師個人素養等內容，窺探出教師所需具備的基本知識與能力，可作為未來師資培育與在職進修之配套專業發展課程內容。建議在培育課程內容部分，宜增加族語文化、多元文化教育等課程，以幫助教師具備多元文化涵養與視野。也建議增加教育心理、班級經營、人際溝通等課程，以幫助族語教師瞭解學生、班級特性與家長溝通，以增進教學效能。另外，師資培育課程應增加教學實習機會，讓族語師資有機會接觸教學現場，增加教

師實際教學能力，以提高未來教師對工作環境的理解，減少適應與摸索時間。師資培育課程也應增加優良族語教學觀摩與分享機會、成立教學研討會，如此一來，不僅優良族語教學經驗得以傳承，教師面臨的教學困境也有諮詢管道，才能促進族語教師之專業成長。

第五章　族語教育之教材教法

課程與師資規畫是族語教育之基石，良好的教材教法更是達成族語教育目標之關鍵因素。本文蒐集國內外相關文獻，引介族語教育之教材教法，主要分為二部分來加以論述：第一節探討族語教材與能力檢定，以瞭解族語教材編纂現況，並分析語言能力認證與教材之關係；第二節探討族群、文化、語言教學，從相關的教學原理原則，瞭解族語教學方法。

第一節　族語教材與語言能力認證

壹、族語教材

　　族語教材的編製首推新北市烏來國中小學實施族語教學並編成「泰雅母語教學教材」。1993 年教育部修訂國民小學課程標準，並決定於 1996 年開始逐年實施鄉土教學活動，在正式課程中教導有關多元文化或原住民文化題材，以培養學生對鄉土的關懷。為因應鄉土語言教學需要，教育部委請地方政府、教育團體與學者編輯 13 種不同族群母語鄉土語言教材，提供各國民小學及相關單位作為鄉土語言教學之參考。但這套教材因倉促編輯，以致教材缺乏適切性，有些族語的發音及用法並不符合當地部落的情況，且因各族語言書寫符號

尚未統一，導致教材體系與書寫系統混亂。直至九年一貫課程實施，另發行九階教材，這套教材就逐漸沒落（黃美金，2007b；劉唯玉等人，2003）。

　　九年一貫課程實施要點中特別針對教材的編製做了原則性的說明，教材包含影音及平面教材，其編製依據學生興趣、需要及能力，其內容力求淺顯、活潑和實用，各階段以聽、說能力的培養為主，讀、寫能力的訓練為輔。學校正式族語課程教材外，宜編製族群民謠、民間故事、俗諺、習俗及相關文學作品的讀本，提供補充教學及學生自學的材料。再者，原住民族語的學習應重視拼音能力，其整體教學實施必須與族群文化之學習結合，並與部落社區互動，使族語教學能夠符合實際的需求（教育部，2008）。據此，教育部與原民會於2002年，共同委託國立政治大學原住民族語言教育文化推展中心，編輯九階原住民語言教材。教材依據九年一貫課程綱要之理念與目標編審，以培養學生表達、溝通與分享、文化學習與族群瞭解等知能。

　　九階教材歷經 4 年於 2005 年編輯完成，邀請各部落精通族語的原住民代表、不同方言別之族語老師與各領域專家學者共同擔綱編輯。編擬教材的原則採螺旋式課程設計，循序漸進培養學生族語基本能力，國小低中年級以聽、說能力為主，讀、寫為輔；國小高年級及國中階段則力求聽、說、讀、寫 4 種能力均衡發展。教材採用基本常用的句型，由簡而繁並適時重複，讓學生有充分機會練習進而能靈活運用。教材內容呈現以現代生活為主軸，活動設計以溝通對話之實用性為主，使學生在自然有趣的情境中學習族語（林修澈，2006）。

　　九階教材共有 40 種語言，每一語言從小學一年級到國中三年級各有 9 冊教材。每冊教材都包括教師手冊及學習手冊，教師手冊提供教師明確的教學目標、教學活動、教學方法、教學評量與補充材料等參考資料。這套教材也提供線上有聲多媒體教材，讓學生可以隨時利用網路自學族語。九階教材的完成是原住民族語教育的一大突破，也是目前國中小族語教師的實用教材。另外配合

原住民族升學優待辦法的修訂（附錄二），原住民學生必需取得文化及語言能力證明，才能獲得升學 35% 優待加分。原住民族語言能力認證考試即以這套教材之一、二、三階為考試基本範圍，使得這套教材成為國家考試之根本。

從鄉土語言教材到九階族語教材的研發，這幾年實施下來，族語教師或專家學者針對內容提出疑義。例如，臺灣原住民族語言以口傳為主，各族之音標、拼音、書寫系統未能一致，造成族語教師無所適從。所幸原民會與教育部於 2005 年頒布了「原住民族語言書寫系統」，建立統一性的原住民族書寫符號，解決了這個教學困擾（教育部、行政院原住民族委員會，2005）。另外，族語教學除了語言溝通目的外，族群文化知識的傳承也是教學主軸。但是原住民族由於分布較廣且族群數多，在語言使用或文化意涵之正確性及適用性因各族群的差異而有不同，而配合教學所需之教具、媒體及資源也無法滿足不同族群語系教師的需求，因此族語教師必須按照自己的族群特性或教學需求，自覓或自編教材與教具（王麗瑛，2002；林修澈，2006；黃美金，2007b；廖傑隆，2008；劉唯玉等人，2003）。

為使原住民族語言學習教材更加完備，行政院原住民族委員會於 2008 年度開始規劃銜接進入國小前以及九階教材後的族語學習教材。此套基礎教材內容分為字母發音篇、歌謠篇及圖畫故事篇。第一部「字母篇」，以各族語的發音字母為一課，每課均有單詞及相對應之圖片、電子書。第二部「歌謠篇」，內容為各族語別的傳統歌謠並配有譜記。第三部「圖畫故事篇」，為各族語別之傳說神話，具備文化意涵的故事內容。新編製之基礎教材提供學齡前及族語初學者學習族語之入門，這一套教材也是自 2005 年原民會與教育部共同發布「原住民族語言書寫符號系統」後，第一本有關字母發音學習的族語教材，使得原住民族語言的發展，從「口說」語言邁向「口說」與「文字化」，讓原住民族語言成為一個可以聽、說、讀、寫的語言，具備了語言文化傳承之深層意

義（行政院原住民族委員會，2011）。

貳、文化及語言能力證明考試

　　原民會為推動原住民族語言之振興，辦理兩種語言能力證明考試，第一種為一般人士之「原住民族語言能力認證考試」，一開始目的主要為儲備族語師資，後因報考人數逐年降低而停辦。第二種則為「原住民學生升學優待取得文化及語言能力證明考試」，起因於九年一貫課程實施後，政府警覺於學校推動原住民族語教學成效不如預期，學生學習動機無法提升，聽說讀寫能力也嚴重缺乏，前原民會主委尤哈尼於是提出一個新策略，要以「功利的箭」鼓勵原住民學生學習族語。教育部與原民會協商，以加分當作誘因，原住民籍的學生必取得語言文化證明，才能享受升學加分的優待。

　　教育部在 2001 年陸續修正「原住民學生升學優待及原住民公費留學辦法」（附錄二），規定原住民學生升學優待改採加分 25% 計算，取得原住民文化及語言能力證明的原住民學生，以升學優待加總分 35% 計算；未取得族語認證的原住民學生，從 99 學年度各項招生考試開始，優待加分比例逐年遞減 5%，並減到優待 10% 為止。本辦法自 96 年度招生考試時開始實施。教育部將原住民升學優待政策增設母語門檻，希望透過這樣的政策，保障原住民學生升學權益，同時具備族群語言的認識與修養，保存原住民語言與文化（教育部，2002、2006a）。

　　因應原住民族升學優待辦法之規定，原民會擬定原住民學生取得文化及語言能力證明配合措施實施要點，2007 年辦理全國分區「原住民學生升學優待取得文化及語言能力證明考試」（簡稱學生族語認證）。應考資格為就讀國中二、三年級；高級中學或職業學校二、三年級；五專四、五年級與二專二年級學生或具同等學歷之原住民學生。考試科目為原住民族語言分 14 族 42 種方

言別，由考生自由選擇 1 種方言別報考。考試範圍出自教育部出版的國中小學九年一貫課程原住民族語教材第一階、第二階、第三階及行政院原住民族委員會出版之基本詞彙、生活會話百句、模擬試題及練習題。考試方式分「說（口試）」及「聽（筆試）」兩部分，聽取試題（光碟播音）方式，測驗族語口說與聽力能力。「口說」部分為考生根據試題光碟播放題目，用應考之族語方言別，「聽力」部分為考生對照試題選出正確之答案，並於答案卡上劃記。考試標準總分為 100 分，合格標準為 60 分。考試合格者，由原民會授予證書（行政院原住民族委員會，2012a）。

為讓原住民學生能通過認證考試，教育部及原民會透過應考族語紙本與電子教材的配發，語言巢考前課程的加強，輔導考生參加能力考試研習，同時提供線上學習資源，製播原住民族電視台族語教學節目，全方位提供原住民學生學習族語的機會與環境，希望帶動族語學習風潮（黃美金，2007a）。

從取得認證人數來看，新的語言文化政策的確吸引原住民學生及家長重視族語文化的學習，自 97 年度起迄 100 年度已執行 4 年，原住民學生已取得文化及語言能力證明者超過 5 萬人，提昇原住民使用族語普及率 （行政院原住民族委員會，2012b）。然而，進一步分析考生表現發現，至 2009 年為止，學生族語能力考試學習結果，成績總平均 68.5 分，在聽與說的能力嚴重不及教學目標，認證考試之報考率和及格率也有逐年降低趨勢（陳枝烈，2010；陳誼誠，2007）

這樣的結果與學者的擔憂一致，在學習族語環境、課程教材、師資等都還未建置成熟，學生學習族語仍困難重重情況下，貿然實施此辦法，只會造成學習功利化。學生為考試加分而學族語，在通過考試後，學習族語的動力不再，此作法似乎流於表象，無法彰顯提振族語之實質效益。此外，不學族語則加分比率逐年遞減，這種做法不僅限縮了原來的升學優待，造成未參加或未通過認

證的學生權益受損，成為對原住民學生變相的懲戒，有違原住民族教育法積極
扶助與保障原住民教育機會之意旨（全文正，2006；高淑芳、周惠民、顏淑惠，
2008；廖傑隆，2008；趙素貞，2010）。為吸引原住民學生及家長重視民族語
言文化的學習而制定之族語能力升學優待政策，如今產生如此多之疑慮，實有
檢討之必要，期盼政府教育單位應重視這些問題，以尋求更合理的解決之道。

第二節　族群、文化、語言教學

　　教師教學行為是影響學生學習的重要因素，教師若能發揮「教學效能」
（teaching effectiveness），創造一個有效率的學習氣氛與學習環境，可以提升
學生的學習成就與發展學生正向的學習態度（吳清山，1998）。同樣的，族語
教師若能發揮教學效能，必能提升學生學習族語之興趣與動機。但教師應如何
教呢？九年一貫課程實施要點中針對族語教學作了原則性的訂定，例如，教師
之課程設計與教學方法應依據學生興趣、需要及能力，循序漸進培養學生族語
聽、說、讀、寫能力與文化素養，重視資訊媒體的使用，並配合文化資源環境
營造，讓學習者能有效習得族語與文化。這些基本教學理念與原則成為引導族
語教師採取適當教學與評量的方針，但詳細之教學內容與方法仍有待進一步釐
清。本文蒐集有關族群、文化、語言教學之相關文獻，分別從教學信念、教學
內涵、學習型態、溝通情境與教學評量等 5 個面向進行分析，茲縷述如下：

壹、教學信念

　　信念是指一個人對自身所相信之事的確據，並引導自己行動之傾向
（Brown & Cooney, 1982；高強華，1993）。教師信念則是教師依據自己教學
觀點與經驗的詮釋，引導其教學目標、計畫與行為，進而影響學生學習成果

（Clark & Peterson, 1986; Stuart & Thurlow, 2000; Tatto, 1996）。教師信念的研究可以瞭解教師行動之根本意識，決定教師實踐理念與努力方向，幫助教師省思教學與激勵教師行動，進而有助於教師教學效能和專業行為的表現（李麗君，2006）。

國外研究教導少數民族之優良教師發現，這些教師有著相似的信念，他們肯定少數民族學生的價值與潛能，認為不論學生的背景為何，每位學生都有能力學習，老師堅信自己能改變並提升學生的學習與發展。這些信念帶出教學承諾與行動，對學生永遠保持高度期待，以每個學生成功為教學目標。這些老師也對學生付出關懷，在尊重差異的教室氣氛下，給予少數族群學生安全感，以關懷的態度協助學生克服因文化差異造成的學習障礙，讓學生在讚美和肯定中，重拾學習信心。這些老師也根據學生文化背景的差異情形給予適性教學，考量學生文化背景與學習型態進行教學設計，讓學生可以學習自己的文化內涵，同時提高自尊心和課業成就 （Gay, 2000; Ladson-Billings, 1994; Olsen & Mullen, 1990）。

國內研究部分，林惠文（2004）透過問卷調查瞭解原住民族籍教師對族語文化傳承信念與族語教學專業素養之看法。研究發現原住民族籍教師對族語文化傳承信念偏向高度正面取向，年資淺的對族語文化傳承與提升族語教學專業素養之需求平均分數低於服務年資深的。研究推論可能是服務年資淺的接受漢化情形較深，因此對族語文化傳承相對地沒有那麼深的感受；反之服務年資深的老師，因為對自己的文化有較深的瞭解及情感，因此對族語文化的傳承會有較強烈的使命感。

除了上述量化研究外，質性研究部分顯示出族語教師教學信念影響著其族語教學行為。例如，洪志彰（2006）訪談了臺東縣實施卑南族語的 10 所國小族語教師後發現，族語教師願意到學校教學，是基於對族群文化存續的使命

感以及教育工作的熱愛，希望能將族語延續下去。雖然學生學習結果不佳，他們仍願意為族語教學努力。胡小明（2006）研究中的個案教師也認為自己身為族語教師，承擔著文化傳遞與振興責任。因此，教師期許自己的教學，能讓學生對族群語言與文化產生認同。在這樣的教學理念下，教師教學目標以尊重與瞭解傳統文化為前提，強調氏族倫理、生活哲學與山林智慧的文化知識與經驗傳遞。課程內容安排強調文化忠實呈現，應用在地文化素材，展現傳統部落情境的豐富生活，包括家族歷史、歌謠、傳統祭儀、神話故事、山林體驗等。也因著對文化傳承的信念與堅持，教師更願意向文化學習，透過向部落者老請益與進行田野調查，以求深入瞭解古語與部落的典故歷史。教師從這些學習過程中增強了對布農族文化的認同感，也在教學中傳遞布農族文化，幫助學生文化的紮根與成長。個案教師也期勉自己能學得更多有效教學方法，所以不斷進修及參加族語教學研習，以充實自己的教學經驗。

　　林志光（2003）探究一位排灣族族語兼課教師之教學，研究中的個案教師也顯出教師的信念影響著教師追求專業成長的特質。教師體認到自己對於排灣族的語言結構以及相關文化知識上的不足，因此願意加入族語教學研究小組，針對族語教學問題進行經驗分享和討論，同時持續蒐集族語教學相關資料和請教資深族語教學工作者，期待增進自己在族語教學上的專業知能。可見族語教學信念影響著教師教學努力的方向，當族語教師有強烈的民族使命感，希望能將族語與文化延續下去時，這樣的信念即成為教學不斷改進與成長的動力。

貳、教學內涵

　　語言不是孤立的存在，背後還蘊藏了豐富的民族文化傳統（孫大川，2000）。族語教學如果只停留在語言中聽說讀寫之符號認知，忽略了背後文化內涵，便無法達到維護族群語言文化的功能（吳天泰，1998；鄭勝耀，

1999）。故此，九年一貫族語課程實施原則明訂，原住民族語教學之本質為文化教學，原住民族語教學應依據原住民文化的屬性、族群差異、居住地區等條件規劃彈性方式，積極營造貼近族群文化的族語學習環境，以自然輕鬆的方式學習族語（教育部，2008）。

　　學者指出，教室裡存在著不同的族群與文化，特別是少數族裔學生，進入學校後與學校所代表之主流文化，在溝通模式或語言認知方式產生差異，容易造成學生適應與學習困難。質言之，文化是少數族裔學生學習的關鍵，在教室中實施文化回應教學（culturally responsive teaching）能有助於改善其學習困境。詳細來說，文化回應教學理念主張，教師應瞭解學校所在社區文化的特質，課程與教學應以學生母文化為基礎，引進社區中的教育資源，進行文化為實底之教學內涵設計，使學生的學習經驗更具脈絡意義，以協助少數族裔解決學習困境（Gay, 2000）。許多研究也顯示，以原住民母語進行互動性的文化溝通，課程結合學生文化特質與在地文化內涵之文化回應教學，能提高少數族群學生學習動機與成就，進一步提升其族群文化之認同與自信（Au, 1980; Dillon, 1989; Foster, 1995; Heath, 1983; Ladson-Billings, 1994；李奇憲，2004；李雪菱、范德鑫，2013；林美慧，2003；劉美慧，2000；蘇純慧，2013）。

　　國內學者（孫大川，2000；浦忠成，2002）也指出，族語的學習不可能只限於教室，家庭、社區、部落等學習場域蘊涵著深厚的族群文化價值，教學內容應取自在地素材，讓學生在文化脈絡中學習，這樣學生較能掌握族群文化內涵，也能進一步提升族群文化認同。楊孝濚（1998）建議，教師可結合社區資源，在生活中尋找主題，或是運用實地教學方法，帶領學生到田野去蒐集資料，讓他們在生活中實際感受文化與活用族語。簡秀如（2004）研究 6 位國小阿美族兒童在家庭、學校、社區脈絡下族語學習的情形。從觀察與訪談中發現，在族語課堂裡，教師採用生活經驗來引導學生學習阿美族語，教師也解說當地

社區生活經驗與故事，這樣的方式不但貼近學生的在地生活，也讓學生在無壓力的環境下，主動學習族語。

陳勝榮（2002）研究烏來鄉泰雅族語教學現況，透過與學校族語教師之訪談，輔以實地參與觀察，統整出一套適合不同年齡層級之族語教學模式。研究者建議，教師可鼓勵學生進行部落實地查訪活動，幫助學生培養文化探究與書寫創作之能力。教師也可配合單元進度內容，安排學生參與社區活動，讓學生能實際體驗族語學習的真實環境。另外，陳勝榮建議教師的教學活動應配合環境規劃與佈置，例如：豐年祭、播種、收割、紋面、文物圖片、瞭望台、祭典儀式配備、獵具和生活器物等實品裝飾，讓學生能具體瞭解文化內涵，而非靠抽象想像。

此外，語言是生活的象徵，包含歲時祭儀、樂舞吟唱、神話故事、技藝狩獵等傳統，是民族文化知識的源頭。原住民耆老們透過說故事，將文化精髓傳承給下一代。因此，族語教學上，教師可以透過口述歷史方式，幫助學生理解族群文化，也可以鼓勵學生與耆老交談，透過語言情感的互動，達到口傳歷史文化的意義。以胡小明（2006）的個案研究為例，該研究探討臺東一位國小布農族語教師之教學理念與教學方法。研究指出，個案老師族語教材內容包含在地文化、神話歌謠、傳統祭儀與山林智慧。教學方法方面，老師以歌謠來教族語拼音，以神話故事來解釋字的來源，讓學生除了學習族語之外，也學習布農族文化。老師更重視學生實際生活體驗，帶領學生進行山林探索，從介紹自然生態到獵人狩獵技能，讓學生深入瞭解先民的生活哲學與智慧，無形中也培育學生對布農族文化的認同。另外，老師也將教室的族語教學網絡，延伸到家庭及部落。老師經常鼓勵學生以族語與家裡及部落裡的人交談，帶領學生進行部落田野調查，除了讓學生認識部落歷史文化，也增進學生與部落耆老、家長之溝通學習機會，提高族語與文化學習的效果。

參、學習型態

學習型態（learning style）是指個人學習過程中因受過去經驗及環境影響，產生特有的學習策略偏好 （Dunn & Dunn, 1993; Smith & Shade, 1997）。特別是少數族裔學生，因語言與文化差異，產生獨特的學習型態。當教師缺乏覺察學生的學習型態，可能導致老師以刻板印象來解讀學習狀況，視學生為沒有能力或誤解為不守紀律行為，因而對於學生低成就之課業表現感到無力與挫折。學者建議，教師應接觸少數族裔學生家庭、文化、語言背景，以理解學生的文化特質，避免因誤解壓抑少數族裔學生的學習（Gay, 2002; Irvine & York, 1995）

國外對於少數族裔、原住民學童學習型態之研究指出，原住民大多居住在山地保留區，在自然環境中所衍生出之學習偏好包括：偏向視覺影像、具體操作與實際觀察之學習方式、偏好肢體動作之互動式學習、偏愛團隊合作之群體導向學習。當然相同文化背景下的學童，並不會只有同一種固定的學習型態，上述學習方式只是原住民較明顯的學習模式。當教師瞭解原住民學生的學習型態後，宜因勢利導，尋找適合的教學方法，以幫助學生順利學習。學者建議，因應原住民學習型態，教師在教導原住民學童時，可善用圖片影像等視覺輔助學習，或善用手工藝創作、唱歌、戲劇、舞蹈、戶外活動、遊戲等實作與動態方法來引導學習，並多應用人際互動之團體合作，以增進學習效果（Byrnes, 1993; Dunn & Griggs, 1998; Irvine & York, 1995; Sawyer, 1991; Smith & Shade, 1997; Sparks, 2000）。

國內原住民學生學習型態之相關研究與國外的研究結果有相似之處，原住民學生也有偏好視覺學習、動態學習、與社群學習之傾向。相關研究也建議，教學搭配具體操作、歌唱、舞蹈、遊戲、說故事、角色扮演、合作學習等活動，透過有節奏的語言、有音樂性的聲音、有肢體動作的展現，配合活潑自由的學

習氣氛，較能吸引原住民學生學習（Yen, 2009；李雪菱、范德鑫，2013；李奇憲，2004；林美慧，2003；紀惠英、劉錫麒，2000；郭玉婷，2001；黃志偉，2002；楊孝濚，1998；劉美慧，2000；譚光鼎，2002）。

在族語教學相關文獻方面，學者建議教師可善用學生學習方式的特色來教導原住民學童，以提升其學業成就。例如，在實際教學時，搭配歌唱、遊戲、說故事等活動，輔以實物、錄音帶、錄影帶、教學光碟等教學媒體，讓教學內容生動、活潑、有趣，提高學習族語動機，學習成效也自然彰顯（張善楠，1998；黃美金，2009；楊孝濚，1998）。簡秀如（2004）研究 6 位國小阿美族兒童族語學習情形也發現，教師採用多元教學方法來幫助學生熟絡族語單字與會話。例如，教師用說族群故事的方式，讓學生瞭解單字意義。教師也運用在地歌舞，教導學童歡唱，讓學生熟練阿美族語。這些教學方法讓學生在無壓力下學習族語，並能達到精熟學習的效果。

洪志彰（2006）研究國小卑南族語言教學現況並提出改善之道。研究者建議教師應善用現代化教學媒體，營造豐富有趣的語言環境。例如，研究者製作「初鹿卑南族的猴祭」繪本，以說故事方式，讓學生瞭解故事內容，同時邀集部落族人錄製卑南族童謠與歌本，當作上課教材。研究者更將族語轉化成有聲書、傳說故事製成動畫，置於學校網站上，讓學生可透過網路來學習，提高學生學習族語興趣。

林志光（2003）用協同行動研究方式，與一位排灣族族語兼課教師合作，觀察這位族語教師之教學，然後進行討論與提供建議，以共同決定教學模式。研究指出，教師可以利用遊戲、歌謠來教授句型，讓學生對語意有更進一步的瞭解。教師可讓學生多閱讀原住民文章與講族語故事，訓練學生讀與聽能力。教師也可以透過戲劇表演方式，讓學生將課文內容用戲劇化方式表演出來，增進實際使用族語之能力。

肆、溝通情境

　　語言學習第一條件是學生本身要有學習的意願（吳信鳳、沈紅玫譯，2002），要提升學習語言的意願，所學的就必須和實際生活有連結，讓族語成為生活溝通的工具，才能達成有意義的統整學習（浦忠成，2002）。然而，原住民失去文化根基的語言環境，在家庭中使用國語交談，學生賴以學習的自然溝通情境幾乎消失。紐西蘭毛利人的沉浸式教學，營造全毛利語溝通環境，並透過系統地實施毛利語與主流語言並行之雙語教育，使學生在整體學習上均衡使用兩種語言能力，這樣的做法值得我國參考。然而，以臺灣目前推動的族語教學來看，要落實沉浸式教學有其難度，家庭使用族語交談的機會微乎其微，學生普遍缺乏族語理解與運用能力，若實施全族語教學，學生難以融入教學脈絡中，疏離陌生感受便容易顯現於課堂中，只會帶給學生更多的學習恐懼感。若以學生熟悉之國語配合族語之雙語教學，讓學生對學習族語不排斥，建立聽說族語之自信心與體會語言學習的樂趣，再逐步漸進邁入全族語教學，是較符合學生學習動機及需求之現實考量。

　　學者建議，教師可以從教學過程中，採取溝通式教學法。該教學法強調以學習者為中心，提供學生能活用語言之情境脈絡，培養學生在生活中實際運用語言的能力（施玉惠、陳純音，2003）。依據溝通式教學原則，教師在進行族語教學時，可依據學生的語言能力，循序漸進從機械式練習，再到有意義練習，最後進行溝通式活動練習。例如，教師進行詞彙教學，可先從機械式練習著手，增進學生族語使用的正確性與流暢度，並讓學生從上下文脈絡中理解字彙的意義（林志光，2003；黃美金、陳純音，2001）。黃志偉（2002a）也建議，老師可以舉出族群所熟悉的生活事物，透過族語發音，讓學童在自然的情境之下，學會日常生活常用之單字和字詞用語。在句型教學部分，教師可先強化學生對該句文法的熟練度，再進入有意義的學習活動，利用遊戲、歌謠來教授句

型，以達到複習之效果。最後是溝通式活動練習，教師可利用角色扮演方式，模擬日常生活中人際互動之情境與對話練習，增進學生語言溝通能力。這樣的教學方式能幫助學生從做中學，較能提升學習動機（林志光，2003；黃美金、陳純音，2001）。

　　陳勝榮（2002）則進一步指出，教學方法可依不同年齡層級的需要進行調整設計，逐步加深加廣族語學習能力。研究者建議在低年級部分，教學可從聽歌謠、學唱方式著手，配合圖畫及教學輔助資料，營造豐富有趣的語言環境，帶領學生認識族語詞性。中高年級部分，教師可透過說讀欣賞、情境角色扮演或文章創作等方式來進行教學，以訓練學生說話與拼音書寫的能力。高年級部分，教師可以讓學生進行分享與欣賞活動，促進學生相互成長與會話溝通的能力。

伍、教學評量

　　評量是教學過程中不可缺乏之一環，透過評量可以瞭解教學情況，評估學生學習成效，作為教師調整教材和教法的依據（黃光雄編，1996）。因此，原住民族語教師應瞭解評量的意義，依據教學目標及內容，發展出適合學生的族語評量方法，並將評量結果作為實施補救教學及追蹤輔導的參考，以確保族語教學效能。

　　根據九年一貫課程中原住民語文教學目標，首重培養實際運用能力，並藉由語文學習來幫助學生認識族群歷史文化，因此評量目標也應配合教學目標，以瞭解學生是否從教學中，具備族語聽、說、讀、寫能力與文化認知素養。學習評的設計也應考量各階段學習重點及學習者的個別差異，包括依年段、程度之不同，設計評量內容與方式。評量應分族語學習階段進行，第一階段以口語能力為主，第二階段以正確分辨語音、詞彙、語意為主，第三階段則以能正

確應用文字書寫符號為主。各階段能力評量，宜用口頭演練與實際溝通方式進行，除針對學習過程的具體表現和學習態度等項目進行評量外，亦可採取檔案綜合評量，就學生整體學習作為與表現進行全面性評量（教育部，2008）。

　　基於上述原則，原住民族語教學評量方式應依教學目標，採取多元化評量設計，除了傳統紙筆測驗外，教師應視學生學習狀況及其個別差異，調整變換評量方式，希望學生能在多元化評量方式導引下，對族語文化能有更深一層的瞭解，進而養成語言溝通能力。一般而言，族語教學評量進行的方式可分為形成性評量與總結性評量。前者為教師針對學生學習歷程進行檢測，透過課堂活動，觀察學生平時表現與學習態度，適時掌握學習狀況並給予學生學習反饋。後者為教師在整個教學單元或學期結束時，針對學生學習表現進行的一項整體性檢測，可透過檔案式評量，讓學生自己記錄個人學習過程，或用口語、筆試等方式進行，以瞭解學生學習成果，並做為教師教學調整與改進之參考（林志光，2006；陳勝榮，2002）。

　　林志光（2003）與陳勝榮（2002）進一步建議，族語教師可利用族語特色，讓族語評量更多元化。研究者整理以下 4 種評量方式：（一）口語評量：包括課堂對話、生活會話、歌謠演唱、朗讀、自我介紹、看圖說話、故事演說等，透過學生口語的表達運用，來瞭解學習效果。（二）活動式評量：教師可以藉由活動進行，隨時觀察學生表現與反應，包括角色扮演、闖關遊戲、語文競賽等，透過綜合表演及心得分享方式，觀察學生反應。（三）測驗式評量：教師可透過測驗題目，包括學習單、拼音測驗、紙筆測驗、聽力測驗等，了解學生在聽寫能力之表現。（四）同儕互評：透過學生當評審，專心聽同學所說唸的內容，彼此互相評定學習效果。

　　胡小明（2006）研究中之個案教師在評量方面重視學生能在生活中用族語溝通、能瞭解布農族的傳統文化以及對族語學習的態度。因此，教師採取動態

多元的方式，讓學生能充分表現與發揮能力，不會對評量產生排斥感。例如，聽和說兩種能力的評量隨時進行，不一定要以正式測驗形式進行。老師要求學生能唱傳統歌謠、說神話故事與分享心得，從說、唱、分享中，測驗學生族語拼音能力與理解程度。老師並非只重視個別學生評量，有時也會讓學生以團體合作的方式進行評量，例如，老師會讓全體學生進行表演，觀察學生個別回應及小組表現，希望培養學生尊重自己與他人的學習態度。

結語

本節從族語教材教法進行分析，在教材研發部分，配合族語課程的實施，政府挹注經費，致力於民族語言教材編輯，完成九階及後續各式平面及線上教材，提供教師教學使用，可說是原住民族語教育之創舉。繼教材研發後，政府為全力促動家長與學生對族語學習的重視，以升學優待作為誘因，推動原住民升學優待加分須具備語言、文化基本能力之政策。配合這項政策的規畫，政府辦理「文化及語言能力證明考試」，並提供語言巢考前課程與線上學習資源，協助學生能通過認證考試。這項政策對族語教育深具影響，從此原住民學生要享受升學優待，必須先通過族語認證考試。然而，把「語言認證」和「升學體制」掛勾，制度上雖增加原住民學習族語機會，但從政策合法性及學習成效等分析結果，均受到許多質疑。語言能力加分優待政策是否能發揮族群文化發展的價值與功能，仍需要政府在理論與實務提出更站得住腳的論述，否則政策的爭議就會不斷（高淑芳、周惠民、顏淑惠，2009）。筆者建議政府能持續檢討這項影響原住民族語教育發展之政策，包括是否能實質振興族語學習？提升原住民語言知能及文化認同？原住民學生升學進路是否受到影響？根據研究結果，省思研議改進之道，以保障原住民學生之權益。

　　在教學部分，研究者參考許多學者著作與研究，歸納統整出族語教學 5 個面向，包括族語教學信念、教學內涵、學生學習型態、溝通情境及教學評量。文獻分析結果顯示，教師認同與肯定族語文化傳承的教學信念是從事族語教學的根本，也是教師追求專業成長的動力。其次，文化為族語教學內涵，教師應具備學生文化知識背景，運用在地文化素材與學生生活經驗，引導學生認識和探索文化，發揮族語教學文化傳承之目的。再者，教師在教學活動設計中，建議考量原住民學生學習型態，包括音樂、歌曲、舞蹈、戲劇、遊戲、故事、戶外參訪、教學媒體、教學環境等活動與資源整合，以提升學生族語學習動機。另外，建議教師運用溝通式教學法，善用各種圖片、教具及輔助媒體，營造豐富有趣的族語溝通情境，以訓練學生口語表達能力。最後，教師應根據學生程度與教學目標，設計多元化之評量，包括口語、觀察、活動實作、測驗及檔案評量，隨時隨地瞭解學生學習族語的狀況與問題，以做為調整或補救教學之參考。這些關鍵教學面向可提供族語教師瞭解族群、文化、語言教學之原理原則與方法，建構一個具體可行的教學方向，以達成族語教育之目的。

中篇

族群、文化、語言教育之實踐

引言

　　原住民族語言蘊涵臺灣少數族群珍貴的文化經驗與智慧，更是臺灣歷史與文化重要根源。但是過去在國家長期同化政策的實施下，原住民族語言已快速流失，文化的傳承也產生斷層。為彌補原住民族在主流文化衝擊下所造成的負面影響，政府在近幾年來開始積極推動傳承原住民族語之相關法令與教育政策，以保留族語的文化資產。例如，憲法增修條文及「原住民族教育法」均明定，政府應積極維護與發展原住民族語言及文化，提供原住民學習其族語、歷史及文化之機會。教育部及行政院原住民族委員會也投入心力推動多項族語振興方案，包括實施九年一貫課程，將族語教學納入語文領域，讓原住民族語有了固定的教學節數，希冀透過正規教育體制，全面提升學生族語與文化知能。配合九年一貫課程實施，政府陸續規劃相關配套措施，包括培育原住民族語言師資、研編原住民族語言教材及書寫系統、修訂升學優待辦法、規定原住民籍的學生必須取得語言文化證明才能享受升學加分之優待、推動原住民族語言家庭化、部落化及社區化，希望透過長期具體的規畫，使語言教育能成功地推行。但是這些教育政策是否達到預期目標？在實踐過程中產生什麼樣的困境？本篇將從教育政策實踐者的角度來探討，反應基層教師的需求與看法，以期了解政策規劃與實務推動是否存在差距鴻溝。

　　此外，檢視原住民區域特性，目前在都市化衝擊之下，都市原住民與部落原住民產生文化與環境脈絡的差異（Yen, 2008；張如慧，2002）。面對都會與原鄉文化脈絡迥異之處，相關之教育政策是否一體適用？筆者認為都市原住民遠離部落群族文化，在缺乏族語使用環境之下，族語教育的實施應是加倍困難。然而，大多數族語教學研究均以部落為研究場域（林志光，2003；洪志彰，2006；胡小明，2006；陳勝榮，2002；簡秀如，2004），有關都會區原住

民族語教學的研究實屬少數。因此筆者深入瞭解，影響都會區之族語教學因素
為何？在都會區之族語老師如何進行族語教學，以解決族語環境缺乏之景況？
筆者相信，探討都會區環境脈絡之族語教學，不僅可以提供族語教育較多元面
向之瞭解，並且可以建立區域性族語教學模式，以滿足不同地區族語教師之需
求及不同教育情境中可參考運用的模式。

　　基於上述動機，筆者於 2010 年透過國科會計畫補助，執行族語教師教學
效能之研究。本研究以臺北市為研究區域，諮詢臺北市原民局、推動族語教學
之學校校長、主任，推薦優良族語教師並詢問教師參與研究之意願，選取 8 位
族語教師做為個案進行研究，以探討族語教師教育實踐的歷程。本研究採取個
案研究法，目的是對個案的教學進行整體且有意義的理解（Yin, 1994），研究
方法為觀察、訪談與文件分析。課堂觀察可以使研究者有機會瞭解教師的教學
及其脈絡（Bogdan & Biklen, 1998）。研究者在經教師的同意下，進行課堂教
學錄影及相機拍照，並對老師的教學歷程進行觀察，包括教學流程、教學方法、
學生互動情況、班級經營方式等。此外，研究者與族語教師進行深度訪談，以
瞭解族語教師對教學的看法。訪談內容包括分享族語教學經驗，以瞭解教師的
教學理念及教學方法；針對課程內容與活動進行訪談，討論的主題包括：教學
設計及目標、族語教材選用的原則、課程及教學內容、學生學習狀況與學習評
量方法。研究者也請教師說明限制或支持其教學的因素，並對族語教學提供一
些建議。所有的訪談均在受訪者允諾下進行錄音筆錄音，所得錄音資料將謄寫
為逐字稿，再以質性分析軟體進行資料分析。研究者也同步蒐集與教師教學相
關文件，包括學生族群背景資料、教學資源、學生作業、成果發表或相關活動
影音照片，藉此分析教師在實施族語教學中的相關訊息。

　　從下一章開始，作者將帶領讀者進入族語教育的實踐歷程。本篇採訪了 8
位族語教師，每位都具有豐富的族語教學經驗，在校園裡默默耕耘，肩扛著族

語的責任與工作。這些族語老師個個才學兼備，有在國外經營馬會的生意人；有在醫院擔任護理工作的白衣天使；有得過師鐸獎的專業國小老師；有擔任原住民電視台的族語主播；有得過五燈獎閃亮的歌手，在褪下亮麗的羽衣後，默默地從事族語及文化傳承的工作。透過老師生命故事的敘說，瞭解這些教師使命感與成就感的源頭。透過老師實務經驗的分享，瞭解老師們如何營造一個有利於語言學習的環境，如何設計課程與教學活動，以提升學生學習族語的興趣，如何進行專業發展，以改善教學。最後，從 8 位老師的教學對話中，瞭解族語教育不為人知的辛酸與成就，及對族語教育最深的企盼。

第六章　我沒有忘記回家的路——
杜珞琳（Ljemingas Zengetj）老師

傍晚，文山社區的博嘉運動公園下了一陣陰雨，空氣中瀰漫著一股植物淡淡的青草味。將近七點，來上族語課的學生和家長陸續抵達了教室，儘管未曾謀面，但一眼就可認出了 Ljemingas 老師。她穿著一襲改良過而輕便的排灣族服裝，紅色的連身裙上織有排灣族的陶壺圖騰，在灰水泥的建築物中顯得特別耀眼。

部落生活

　　Ljemingas 生長在臺東縣金峰鄉壢坵村，以農業為主的排灣族村落。父親是上班族，母親則是部落的巫師（pulingaw）。在部落裡，一般家庭過得非常清苦，同學們都必須幫忙農務，但 Ljemingas 的父母親特別保護她，從不讓她上山幫忙，所以她連碰到草都會過敏。物資缺乏的年代，同學們也沒有什麼新衣服可穿，但 Ljemingas 父母親收入穩定，母親又理家得宜，使得 Ljemingas 可以和妹妹打扮得宛如小公主般，富裕的家境羨煞了不少同學。

　　Ljemingas 家擁有不少薑地水田，但是父母親平日工作繁忙，無法時常到山上顧田，在部落裡族人會以輪工的方式，彼此幫忙各家的農務。Ljemingas 具有開朗活潑的個性，小時候看到同學們揹著竹籃到深山工作，自己好強也想效仿，偷偷地跟著上山，沒想到連竹籃都還沒揹上，就不小心滾下山，回到家

一句話都不敢吭，後來瞞不住母親，還被責打了一頓。

兒時於部落

愛熱鬧的 Ljemingas 從小就期待族人上山來輪工，因為她可以跟著大人們到田裡，一起吃飯一起唱歌到天亮。鄰居中有一個擅長吟唱古調的老人家，常常是一杯酒慢慢喝、故事慢慢說、歌慢慢唱。Ljemingas 在耳濡目染之下，也會跟著老人家哼哼唱唱，這些小時候鮮明的部落印象都讓她懷念不已，成為她到異地求學與旅外工作時，對回家歸根最深的想望。

求學，工作

Ljemingas 母親曾在住院期間受到醫院護理人員的妥善照護，認為護士不僅能服務人群，也是一個很神聖的職業，因而期待 Ljemingas 未來也能從事護

理工作。雖然 Ljemingas 對從商比較感興趣，但為了不辜負父母親對自己的期待，所以儘管她不喜愛護理，臺東賓茂國中畢業後，仍選擇到高雄念護理學校。

全家合影

　　在外地求學的日子裡，Ljemingas 住在叔叔家，由於生活在眷村環境，五官深邃、膚色黝黑的她不願自己顯得格格不入，因此國語練得特別標準。這大概是四、五十年代的原住民族接觸臺灣其他族群時，都曾產生的心理過程吧！由於原住民族講中文有特殊的口音，為了融於生活環境，有些族人會特別在意自己的國語發音，不願別人因為口音關係而看輕自己。

　　求學階段的 Ljemingas 一直都對自己很有自信，她常告訴自己「雖然我是來自臺東的原住民，但是我並不會比別人差。」因此，她在護校的表現十分活躍，常擔任班級幹部。她曾因為流利的中文，跟原住民族同學有了一些隔閡，有些同學認為她是外省人而不是排灣族，她自己也曾產生過認同障礙，一度否認自己的族群，這也是許多原住民族人接觸臺灣社會時經歷的成長陣痛，雨過天青後，這些歷程反而會讓自己的族群認同更加堅定。

畢業以後，Ljemingas 就到臺北從事護理工作，也因緣際會地結識了她的義父母。他們是上海人並且經營企業，或許是 Ljemingas 與義父母特別投緣，她不僅很快地學會了上海話，也深得他們的疼愛。後來，義父母介紹她到香港馬會上班。香港是一個國際城市，Ljemingas 常有機會碰觸各國人士，深具語言天分的她，因此學會了多國語言，英語、廣東話、西班牙話、葡萄牙話、日語都難不倒她。旅外工作的時期，Ljemingas 常有機會遊歷各國，由於她開朗直率的性格，結交了許多生意上的朋友，所以也曾和朋友合夥開展國際貿易、旅行社等生意。

轉折，回歸

歷練豐富、視野開闊的 Ljemingas，遭遇了什麼樣的轉折才讓她踏上族語教學的路途呢？這必須從她到紐西蘭洽談生意時說起。

原本 Ljemingas 只是為了拓展馬會的生意而到紐西蘭，卻無意發現紐西蘭的毛利人都很自然地講他們的族語，那樣的場景令 Ljemingas 深深震懾住了，想起自己離開部落好多年，突然好想念臺灣，好想念部落。她心裡竄出想回家的念頭，覺得在外流浪多年，雖然會說各國語言，但那又如何呢？自己的語言會了嗎？那時候，她不停地這樣問自己，而祖靈聲聲的呼喚也催促著她歸鄉的腳步。之後，她毅然結束了國外的生意，和夫婿一起回到了臺灣。

回到臺灣後，Ljemingas 有感於臺灣原住民始終沒有一個發聲的媒體，當時創立臺灣第一份原住民族報紙的《南島時報》總編輯，邀請她一起幫忙推廣報業，Ljemingas 非常支持，從那時候起，只要有原住民族的活動，都會看到她參與其中的身影。過程中當然也跌了不少跤，吃了不少閉門羹，但

紐西蘭經營馬會

Ljemingas 總認為只要主動出擊到處都有機會，投身報業工作對她來說是累而不疲，而且她的拚勁感動了許多婦女，願意無條件擔任志工服務。

找回冰凍的族語

　　報業結束後，Ljemingas 剛巧遇上了第一屆族語認證考試，她毫不思索地報考，過去她把自己的族語冰凍太久，而今她要趁著族語認證考試把冰凍的語言找回來。她花了兩個禮拜把教材讀熟，並且回到部落找老人家對話發問，那樣的過程讓 Ljemingas 很快地重溫了自小就熟習的族語，也讓她體會到只要十六歲以前都還住在部落的話，其實族語的能力大致不會太差，只是族人離開部落就把族語冷落了，不是不會說而是漸漸不去說它了。

　　當時，Ljemingas 考族語認證的出發點，僅是想測試自己的族語程度，並沒有考慮到未來要從事族語教學工作。Ljemingas 回想考試情景，有許多排灣族長者都有參加考試，有些長輩看到 Ljemingas 也前來，便抱以懷疑態度揶揄她幾句，但 Ljemingas 說，她從來不會感到不好意思，因為她認為族語愈是不

會就愈要用心學習。放榜後，她很訝異自己考取了，那時候她的筆試成績比口試高分，因為她看得懂羅馬字，但口說不是很流利。通過了族語認證以後，她感覺不應該就此停下腳步，於是給自己一段時間到師大進修族語教育相關課程。沒想到這一投入，就栽進了族語教學領域。

Ljemingas 於語言巢

族語教學

Ljemingas 老師生活在臺北都會區，卻心繫族語傳承工作，她常常不辭路途遙遠，也要騎摩托車到語言巢為孩子們上課。這幾年下來，拉拔了許多排灣族孩子學習族語，也培養了兩位學生家長成為族語教師，加入了原住民族語教學的梯隊。她回想自己會走上族語教學的路途，大概是冥冥之中祖靈的安排吧！

Ljemingas 個性開朗熱情、教學生動活潑，是原住民族委員會語言巢教學績優教師之一。從排灣族日常用語、文化習俗、神話傳說、到工藝物質，

Ljemingas 都有一套自編課程。但是她強調一開始並不急著學生馬上要學會，而是循序漸進地先讓學生認同自己的族群，再透過生活化、有趣的課程，讓學生慢慢耳濡目染地學習。

Ljemingas 與學生

當學生學習挫敗或是退縮時，Ljemingas 都以正面態度鼓勵學生。如果學生參加族語相關比賽，不管有無得名她都會自掏腰包給予獎勵。她認為光憑學生有勇氣參加比賽這一點就值得嘉獎，比賽期間她也願意多花時間為學生加強培訓，重視每一個孩子學習族語的成長過程。

雖然現在很多孩子找族語老師學習，都是為了準備升學考試，但是 Ljemingas 認為族語不是只有孩子們需要學習，原住民族的家長都應該要學習，她勉勵家長要參與孩子的成長。為鼓勵家長能陪同孩子一起共學族語，Ljemingas 在第一次上課時都會舉行親師會，說明家長參與的重要性，有了家長的參與和認同，孩子學習族語才能事半功倍。Ljemingas 教學中積極推動親子共學，讓家長與小孩一起參與語言巢，經過親子共學，家長與孩子回家能以

Ljemingas 帶領學生參加比賽，榮獲佳績

母語對話，不僅有助於族人自我認同，也讓族語有使用的機會。Ljemingas 發現只要讓家長有參與感、有被肯定的機會，幾乎家長們都會願意投入，因此 Ljemingas 建議行政單位或許可以花點心思，針對家長參與族語學習能提出一些獎勵方式，如此族語才有可能活化在家庭裡。

此外，Ljemingas 老師每年寒暑假均會帶領教師、家長、學生參與新北市舉辦的族語魔法學院營隊，該營位於新北市烏來區的福山部落中，教學地點從都市教室拉到了部落自然環境中，讓居住在大臺北地區的原住民孩子，不用到花東或偏鄉，也能體驗部落文化情境，沉浸在全族語的環境中學習。該營隊課程包括歷史文化、傳說故事、傳統植物、部落地圖繪製、原樣手工藝、山海技能、獵人體驗、智慧童玩製作、傳說戲劇課程與歌謠教唱等學習領域（新北市

Ljemingas 鼓勵家長學習族語

教育局，2012）。在族語老師的引導下，學生跟隨族語歌曲哼唱、跟著傳統舞蹈律動、用戲劇展現肢體。從營隊活動中處處可見孩子的笑容，快樂地跟著老師說族語，克服了說族語的恐懼，同時也培養孩子對傳統文化的興趣與信心，讓學生從營隊中肯定自己、認同原住民文化。族語魔法學院的成功，得到許多父母認同與支持，點燃學習族語的火苗。

新北市族語魔法學院。資料來源：新北市教育局（2012）。**2012 福山國小族語魔法學院開學囉！**線上檢索日期： 2013 年 12 月 25 日。網址：www.ntpc.edu.tw/web/News?command=showDetail&postId=255585

族語傳承

　　從 Ljemingas 身上看到為人師表的風範，而她精彩的人生繞了一圈後，還是回歸到自己族群身上。不管艷陽、陰雨，Ljemingas 上族語課時總會穿戴排灣族改良服飾，她說排灣族的美是可以穿在身上的，而族人能夠在都會區大方地說族語、自在地穿族服，那是她心中的一大樂事。

Ljemingas 穿著傳統服飾上課

　　Ljemingas 談及族語教學理念，影響最深的是她的父親。父親常教導他們要去幫助人，因此 Ljemingas 願意提拔後進，只要是排灣族子弟，甚至不是排灣族人卻想學排灣語的朋友，她都願意傾囊相授，栽培有心想學好族語的年輕人成為未來的族語教師。她常說語言是大家的，希望能夠在每一個世代中培養出優秀的族語教師，排灣語才有可能會繼續傳承。目前她從語言巢裡的學生家長、友人中，栽培了多位族語教師，這是 Ljemingas 教學以來最感欣慰的事情。

族語教學困境與盼望

　　剛開始 Ljemingas 的族語課並不多，但為了擴大族語的推行，她自己會毛遂自薦，打電話給學校、社區詢問有沒有需要排灣語課程的老師，她認為主動出擊比等待原民會工作安排來得更實際。族語教師有時會受限於學生數太少，而無法有固定的收入，她建議有心想從事族語教學的後輩們，可以先從兼職慢慢做起，讓自己在教學上比較有信心了，也對工作環境較熟習了以後，再來考慮是否要專職的長期投入。

Ljemingas 於語言巢授課一景

　　Ljemingas 常常以自身經驗勉勵年輕的族語教師，一旦決定要以族語教學為職志時一定要多進修，因為深感自己不是教育科班出身，許多班級經營、親師溝通、學童心理的專業知能都尚未具備，所以必須透過持續進修來增強教學上的專業。Ljemingas 也建議原民會可考慮設置族語教師評鑑與獎勵制度，使表現優異、用心教學的族語教師可以受到嘉獎肯定。而現階段辦理的族語比賽，得獎隊伍的族語老師也應該有被嘉許的機會，建議可以考慮列入教學績效的評比項目。

　　族語教師薪資制度與發放一直是懸而未決的問題，目前仍是有薪資半年才發放的情況，讓族語教師隨時會面臨斷炊之虞，也讓族語教師感覺其所投身的教育職場是不夠友善的，有關單位實在應該誠心地傾聽族語教師的心聲。Ljemingas 也不諱言要當族語教師必須要有使命感，許多老師都是不惜犧牲時間、體力在各地各校奔波，這些都是超乎成本的付出，要賺錢、穩定生活其實很困難。因此，從事族語教學工作必須要有清楚的認知，瞭解這是一份傳承工作。儘管目前族語教師的制度仍有許多地方需要改進，許多族語教師也因現實

考量而被迫離開族語教學工作，但 Ljemingas 堅持職守，因為族語教學是她熱愛的職志，她說：「教族語是我這輩子最後的工作了。」

Ljemingas 於語言巢與學生合影

　　離散伴隨著失落，隨著這樣的感受而來的則是對於回歸渴求的夢。沒有人會忘記回家的路，但真正的歸屬感，卻不是每個人都擁有的。Ljemingas 尋找回家的心情，以致不論身處何方，都知道生命中有一分家的呼喚。回家對 Ljemingas 來說，並不只因為能遮風避雨、吃飽穿暖；回家，是因為那裡是歸屬。Ljemingas 更願透過自身的影響力，感染其他族語老師、學生、家長，重新踏上回歸部落的路。

第七章　流淚撒種，必歡呼收割——
洪艷玉（Sukudi Maretukaw）老師

中午烈陽高照，研究者汗如雨下，匆忙趕到。Sukudi 老師已沉靜地坐在餐廳角落等待採訪。針對每一個問題，她都有條不紊地敘說，帶領我們走過她的生命故事。清晰的思路與堅定的態度，感受到 Sukudi 老師的專業與自信之領導風範。

Sukudi 獲得教育部師鐸獎

部落生活

Sukudi 出生於臺東市建和里建和部落（Kasavakan），是個背山面海的村

落，早期曾經受過國民政府統一規劃，每棟房子街道整齊劃一。部落裡族群相當多元，原住民約占百分之三十，以卑南族為主，其他有魯凱族、排灣族。漢人以客家人和閩南人居多，其次為大陸籍人士。

　　Sukudi 父母早期務農，母親相當重視部落環境衛生評比，像是居家清潔，廚房、浴室、廁所衛生及使用過的毛巾皆要懸掛風乾，母親在每年的衛生競賽中，皆獲得優良獎項。部落裡也有「婦女互助團」（salaypan），每當農忙時期，當家主婦就會敲鐸兒（tawliyw）繞部落一圈，吆喝著左鄰右舍的婦女：**「現在我家農事正忙，急需要人手，請大家快來幫忙。」**等工作告一段落後，當家主婦就會在自家門口擺起豐富佳餚，宴請族人聊表謝意。守望相助在純樸的部落裡，深深落實於生活中，熱鬧的情景，至今依舊讓 Sukudi 懷念不已！

Sukudi 的父母

求學之路

　　Sukudi 是家中長女，父母對她的期望特別高，因此，在求學過程中，她一路奮發向上。就讀知本國中時，Sukudi 曾遇到兩位具教學熱忱及愛心的老師。一位是 Yavair 老師，他為了鼓勵班上學生，自行掏腰包設立獎學金機制，用以肯定努力的學生，受到 Yavair 老師的鼓勵，Sukudi 更用心向學。另一位是黃老師，有天無意間看到 Sukudi 在家裡一邊生火煮飯，一邊還不忘看書，看到她的認真，黃老師於是主動提供大量資料給 Sukudi，以鼓勵她多閱讀，也利用課餘時間進行免費課後輔導。這兩位老師給了 Sukudi 很大的動力及勉勵，她真切感受到老師對學生的關懷是多麼的重要，是學生學習動力與信心的來源。

Sukudi 與父親和學生

用心教學，扭轉偏見

　　國中畢業後，Sukudi 因為家中無力負擔高中學費，為了減輕家裡經濟負擔，於是選擇臺東師專就讀。畢業後順利分發到臺東縣達仁鄉臺坂國小服務。

在臺坂國小服務期間，Sukudi 因參與教師合唱團而認識了丈夫。結婚後，隨著夫婿調到臺北市的小學服務，免於家人分隔兩地之苦。

Sukudi 一家人

調到臺北學校後，Sukudi 強烈感受到在都會區的族群歧視。有些教師與家長因為 Sukudi 原住民族身分，對她產生了偏見，雖然一開始很挫折，但她決定要以實際行動證明自己的能力。Sukudi 以真誠待人，廣納家長意見，也用心在課程與教學，運用自己的美術專長，帶領學生參加美術比賽屢獲佳績。Sukudi 也與夫婿一同推廣陶藝才藝班，由於學生學習的成效佳廣受好評，Sukudi 成為學校明星教師。家長與學校同仁對她刮目相看，對 Sukudi 的專業及努力給予極高的肯定，也扭轉他人對原住民族的刻板印象。

跨出族群教育的第一步

Sukudi 在都會區的國小服務，看到當時的教育環境對於原住民族的孩子有許多歧視與偏見，她心痛看到原住民族學生的困境，卻苦無協助學生的辦

法。直到有一天，Sukudi 的夫婿對她說：「原住民的事情，妳自己不去做？你還想奢望別人幫忙！」這一席話當頭棒喝的點醒了 Sukudi，她決心跨出第一步，在自己任教的國小裡，開始做一些改變。

Sukudi 與先生

　　學校裡有許多原住民族學生，Sukudi 利用星期五中午放學後的時間，將一到四年級的原住民族學生集合到她的教室，為學生做學科基本課業輔導，以提升學生的基本能力，進一步導入原住民族文化課程，讓學生認識自己的族群。民國 86 年，Sukudi 擔任臺北市原住民事務委員會委員一職，她積極投入族語教育工作。首先在學校成立「原住民母語班」，透過 Sukudi 的族群身分與專業，讓孩子們有機會接觸與瞭解自己的族群文化，同時讓家長認同與支持族語學習。這個班的成立早在族語認證之前，在當時可以說是一個空前的創舉。

　　「原住民母語班」的成員來自多元族群，Sukudi 必須按照學生族群背景來編選課程，以民族藝術、文化、祭儀活動、傳統服飾等為教材，並年年舉辦唱歌、跳舞、雕刻、編織品等靜、動態的成果展演活動。在財力、物力有限的

情況下，卻受到外界的關注與肯定，累積了越來越多人的贊助與支持。

　　凱達格蘭文化館成立時，Sukudi 向當時的主任委員溝通，希望能將原住民族的傳統藝術帶進校園，主委當下一口答應，達悟拼板舟與排灣族木雕等總共三四十件藝術品，全部都在校園裡的活動中心做公開展示。展覽會受到與會長官來賓、老師家長們的諸多讚賞，連當時的臺北市市長馬英九先生也都前來參觀。

Sukudi 帶原住民母語班小朋友參加表演

族語多元化教學

　　在族語認證開辦後，Sukudi 通過了「卑南族族語認證」考試，從此加入族語教學行列，成為族語傳承工作的生力軍。Sukudi 是正職教師，擁有非常豐富的教學經驗，她仍不斷嘗試多元、創新的教法，期望能活化族語教學。首先，Sukudi 認為教學一定要配合學生程度做調整，學生來源有小學、國高中生及成人，每一位學生學習族語的動機都不一樣。國、高中生通常學族語是為

了考試加分，Sukudi 就會為這些要參加認證考試的學生安排密集練習。而學生在考完認證後，Sukudi 也不強迫學生一定要繼續學族語，她會讓學生先努力準備指考，以減輕學生的壓力。很多學生在考完後，仍會回來繼續學族語，學習的心情與成效更佳。

其次，Sukudi 教學理念強調學生思考與表達能力，例如，Sukudi 會說明或播放有關卑南族神話傳說影片，引導學生發表看法與見解，以增進孩子的組織能力與自信心。Sukudi 也會運用其美術與文化專業做課程規劃，有時讓孩子做創意彩繪，有時則讓孩子捏陶，以承襲祖先的技藝。Sukudi 認為這樣的方式不僅可以讓孩子精學課堂所教過的內容，還能讓他們持續思考與激發想像力。

Sukudi 的課程與教學

此外，Sukudi 利用遊戲互動的方式來貫穿課程，讓孩子討論與設計故事情節，利用唱歌、跳舞與戲劇方式，讓族語課變得生動又好玩。Sukudi 說：「學生上課不專注時，老師就可以變化教學活動，做些孩子喜歡的遊戲來提振學習精神；活動有趣不無聊，學生就不容易吵鬧。」

Sukudi 也注意到學生不同的語言背景，班上雖然很多是卑南族孩子，但卑南族也有不同的方言，故上課時 Sukudi 會把其他方言做說明比對，有時候也會穿插其他族群語言。Sukudi 覺得多元語言的學習，讓孩子們學習更廣泛，非單一認識卑南族而已，無形中幫助孩子具備更全觀的視野。

學生回饋

Sukudi 有不少的成人學生，有些在早年就離開部落到都會打拼，有些是從國外旅居回台，也有些是從國小就一路跟著她學習的大學生。Sukudi 表示，很多學生想用族語跟家中長輩對話，因此向她學習族語。例如，有一位學生本身是退役軍人，母親是卑南族，父親是外省人，因為很早就在臺北生活，家裡以說國語為主。這位學生想學習母親的語言，希望有天能夠以卑南語和媽媽話家常，於是來上 Sukudi 老師的課。Sukudi 從基本發音與會話練習開始教起，這位學生非常認真，時常分享他和母親說族語的情形與感受。後來，這位學生也把他的漢人妻子帶進教室，夫妻倆一起學卑南語，回到部落時他們也都能以簡單的卑南語和老人家對話，就這樣一點一滴的累積，一年後這位學生已經能夠用流利的卑南語和媽媽聊天，也順利通過了成人的族語認證。

更令人感動的是，這位學生回饋自己所能給部落，詢問部落的孩子，有沒有需要實現的願望，小朋友回答想到臺北玩。於是，這位學生到教會發起募捐活動，募得了三十多萬元，讓部落四、五十位小朋友及族人坐火車到臺北來一趟二天一夜的旅行。部落族人參觀了木柵動物園、101 大樓以及體驗捷運，一圓族人的夢想。這位學生也有感於部落硬體設備不足，於是積極收集舊電腦重新組裝整理，讓部落的孩子有電腦可用。這位學生在教會分享時，用雙語（國、族語）發表了一段感言，雖然台下的朋友不一定聽得懂，但在場的人無不深受感動。身為老師的 Sukudi 也感到十分驕傲，因為族語教學工作，可以看見學

生有這樣一份回饋自己族群的心，Sukudi 說：「這是身為族語老師最深感安慰的一件美事。」

Sukudi 與先生和學生

族語教學發展與建議

　　Sukudi 是專任的國小教師，又是師鐸獎得主，本身已是極為卓越之教育工作者，但當她接觸到族語教學工作時，仍積極地參與研習、交流活動，以增進自己的專業能力。她曾擔任原住民族語教材編輯及教案設計研習班講師，同時也兼任行政院原住民族委員會、民族教育審議委員會委員、臺北市教育局國民教育本土語言輔導團輔導員，也積極帶領族語教師專業成長。有關族語教師的進修研習管道，Sukudi 認為目前教育行政單位所提供的研習都較偏重理論性的課程。她認為族語教師除了要有教學理論專業知能基礎外，還要厚植自己的實務經驗，所以 Sukudi 常帶領族語教師觀摩其他教師的教學。她發現有些領域老師的教學活動十分有創意，觀摩時吸取別人教學優點，適時轉換在自己

的族語課堂，是最直接有效的專業成長方式。另外，Sukudi 老師也將優秀的教案設計分享給族語教師，實際請老師依教案進行教學，讓族語教師一同觀摩與彼此交流，共同激盪與精進族語教學技巧。

除了教師的進修與合作外，臺北市訂有語言巢教學評鑑訪視，Sukudi 是輔導團族語教學訪視委員，從訪視過程當中，會看到老師的良莠不齊，但行政單位部門只做訪視，卻缺乏給予教師回饋的機制，沒有積極的配套修正措施。Sukudi 呼籲政府應建立族語教師輔導制度，讓族語教師的表現，有被檢討與回饋機會，才能提升族語教師專業能力。

Sukudi 與學生

Sukudi 指出目前官方已經有教育部頒布的族語書寫符號，但在部落裡仍有許多地方沒有按照教育部的版本來教學，依舊沿襲地方上習慣的記音法。Sukudi 認為，假設每個地方都堅持自己的拼音法，族語教學就無法達成一致性，這樣的結果將造成學生學習困擾，因為如果學習環境與老師變動了，學生又將面對不同的符號系統，造成學習無法延續。Sukudi 建議族語教師能依官方統一的書寫符號進行教學，有關單位也應多加推廣到原鄉社區與教會，多下

鄉聽聽族人的心聲，瞭解族語教師的需求，讓更多的族人能受惠於族語教育。

語言巢戶外參訪

　　剛強堅忍正是 Sukudi 一路面對問題的態度，沒有難成的事是她的信念。她努力扭轉大眾對原住民的偏見，在教學上出類拔萃，成為卓越的原住民族教師。對原住民教育的使命，讓她願意辛勤灌溉族語文化種子。給予並不在於給了多少出去，而是裡面有多少的愛，Sukudi 對原住民學子的關愛正是她努力不懈的原動力，也因此在教育領域她能歡呼收割。

第八章　守護文化是無悔的使命——
柯菊華（Legeane Kasepelane）老師

教室裡，學生一句句跟著臺前的 Legeane 複誦魯凱語。下課後，
孩子們跑去玩了，Legeane 看著窗外孩子們快樂地彼此追逐著，
突然有感而發地說，我在他們這個年紀時也是這麼快樂，那時候
部落的孩子們都會說魯凱語。

Legeane 老師

部落生活

Legeane 來自屏東縣霧台鄉霧台村，是一個青山環繞的部落，鄉內居民以

魯凱族為主。從小就成長於霧台的 Legeane，她腦海中的部落回憶就像是上了釉彩的陶瓷色彩鮮明溫潤，聽著她娓娓道來，眼前竟升起部落炊煙裊裊的圖像。

那時候，部落的生活很古樸簡單，大部分的家庭還是保留著男人外出狩獵，女人務農理家的生活型態。小小的部落彼此情感卻十分緊密，每一戶人家的事情就是所有人的事情，舉凡婚喪喜慶、開墾田地、建屋造房，只要有任何人需要幫忙，部落的人力是全體投入。音樂則是環繞於生活之中，不僅在各項節慶中可以聽見魯凱歌謠的傳唱，連平日工作勞動，族人都是一面工作一面唱歌。休憩時，老人家也會你一句我一句彼此應和著，在河邊洗衣服、挑水，都會聽見魯凱歌謠的歌聲伴著流水聲、蟲鳴鳥叫聲。

下山讀書，挑戰重重

Legeane 一直到國小畢業後，才離開部落到外地讀國中。由於部落的生活很單純，她從來沒有接觸過平地社會，直到讀國中時，她坦言部落與平地的文化差異以及學習所遇到的瓶頸，都對她造成很大的打擊。第一個遇到的挑戰就是國語不流利、不標準，同學們之間有時會開玩笑說她是山上來的，聽不懂她說的國語。也許同學們是無心的，但稚嫩的心靈其實已經在這樣的差異中受傷了。

再來就是學習的打擊，功課趕不上同學，一直是 Legeane 心裡的陰影。當時她也羞於請教同學，怕人家說「連這個也不會喔！」個性退縮以後，心裡更加自卑，不敢與人接觸，孤獨與挫折感很深，好幾次都哭著打電話跟父親說想回部落，不想念書了。但電話另一頭的爸爸，不斷鼓勵她，要她忍耐，只有讀書才有出路。由於 Legeane 寄宿在親戚家，難過時就只能偷偷哭，但想起爸爸辛苦栽培她讀書，她最後還是苦讀完成了國中三年的學業。

Legeane 提到，以前部落幾乎都自給自足，不太需要金錢，但在平地就不同了，食衣住行幾乎都要用到錢，所以她暑假都會幫忙打工貼補家用。國中時的 Legeane，每到暑假就會跟著親戚去做清潔與菜市場收垃圾的工作。她印象中平地學生用的東西多半比較好，有些同學看到她鞋子破破的，露出嘲笑或不屑的眼神，這些歧視的眼光都深深地烙印在她心中。國中畢業後，Legeane 讀了護專，過程中也不是一路順遂，但她都咬牙一一克服了。回想這一路的艱辛，她說父親對她的鼓勵和期待是她堅持下去的動力。

從護理人員到族語教師

結束了平地的求學後，Legeane 進入醫院服務，在職場上也曾經因為自己的膚色而發生一些插曲。當時的護士在下了班後可以接一些特別護士工作，有一次醫院來了一個外國病人，Legeane 擔任他的特別護士，外國病人以為皮膚黑的 Legeane 是菲律賓人，結果護理長竟因膚色問題而另外安排了其他護士照顧這位外國人。少了這份收入對 Legeane 影響很大，因為她每個月都會寄錢給家裡，當時六個兄弟姊妹也都需要她的資助。Legeane 覺得很難過，沒有想到會因為自己的膚色而失去機會。之後 Legeane 重新燃起再進修的決心，決定利用下班後時間，參加醫院的講師班訓練，在努力之下，她順利地以第三名的成績考取了講師資格，在醫院裡擔任五年的講師工作，負責員工行政和禮儀的教育訓練。

有時候人生中的機緣真的是很玄妙，Legeane 接觸族語教學的契機，竟然也與她深邃的五官與外表有關。在一次偶然的機會下，Legeane 負責照顧一位布農族的病人，這位病人在原住民族委員會擔任要職，看到 Legeane 就向她說明原民會要推動族語教學工作，問她有沒有意願參與，Legeane 答應了，就這樣開啟了 Legeane 的族語教育之路。

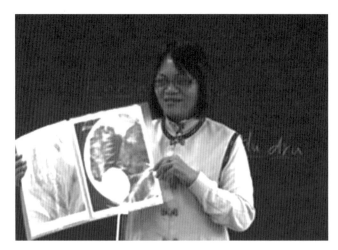

Legeane 在教學現場

　　一開始，Legeane 擔任族語考試的閱卷老師，閱卷過程中，她難過得幾乎掉淚，一句簡單的族語問話：「你會說魯凱語嗎？」全部一百八十個考生，幾乎都只答「會！」就沒有下文了，大部分來考試的孩子連一句完整的魯凱語都不會說，這是讓她最感到心痛的地方。Legeane 想起自己國小到高中的年紀，都還能用流暢的族語與族人交談，而今孩子們的族語能力卻流失得如此嚴重。她深知這不是孩子的錯，但病入膏肓的族語現況激發她奮起的使命，她要為未來保留住魯凱語。

　　剛開始 Legeane 的醫院與族語工作是同時並進的，由於族語教學時常要開會、研習，她忙於族語事務卻忽略了醫院工作，考績自然受到影響，而失去在醫院當組長的機會。但權衡得失之後，Legeane 仍決心投入族語教育，為了族群文化傳承的使命。目前，Legeane 不僅在國小擔任魯凱語族語老師，也開設了語言巢。此外，她在師大也負責教授魯凱族的族語研習課程，並協助臺大碩博士生之魯凱語料分析研究。

多元教學，激發學生創意

　　Legeane 是一位精益求精的老師，在教族語的過程中，她發現族語教材大都是以中文的語言邏輯編撰，例如，「你要去哪裡？lrimuinusu?」這句話，原住民族語的語言邏輯多半是倒裝句，因此以魯凱族的語言邏輯理解，應該是「哪裡去你？」但是教材的編寫並未考量到這一點，多用中文邏輯來學習族語的語句架構，如此很容易造成混淆。因此 Legeane 自己編寫了一套魯凱語教材，裡面沒有一句中文，學生透過老師的解釋與重複念讀，慢慢建立魯凱語的單字、語句的組成架構，也逐漸改善學生以中文理解族語的弔詭情況。

Legeane 與學生

　　Legeane 也不斷思考如何開發自己的教學方式，使學習族語更有趣。她觀摩了英文戲劇比賽，認為這是一個相當不錯的方式，於是決定以戲劇的方式融入族語教學。她將課本內容擴充情節、角色、台詞，讓學生藉由角色扮演，將課本的單字化為臺詞，練習單字情境的使用與對話。這樣的過程中，學生不僅能提高學習族語的興趣，也可以加強他們對單字的印象。

此外，Legeane 著手改編魯凱族的神話傳說作為教材，如果孩子們累積的單字量越來越多時，就可嘗試演繹神話傳說的劇情。透過戲劇的方式，孩子們能活用族語，也能了解魯凱族的神話傳說。孩子們對於這套學習方式都感到非常快樂，而她的評量方式也不同於一般的聽寫測驗，她還新增了族語戲劇的評量指標，讓學生在角色扮演中學習，不僅讓學習更自然親切，而且能充分反映學生真實語言學習的改變與成長。

每次 Legeane 上課時，講桌前總是擺滿了各式各樣的教學用具，黑板上貼滿著魯凱族傳統食物的圖片與字卡，教到食物的介紹時那可就熱鬧了，桌上會依單字出現小米、地瓜、芋頭等各種食物。她認為實物教學在學習過程中的效果遠勝於抽象的描述，愈具體的教學方式，孩子印象愈深刻。

練習對話時，學生一句句跟著台前的 Legeane 複誦魯凱語，一個個輪流大聲地唸出字卡上的羅馬拼音，孩子能馬上應用她在課堂上展示過的物品、實體，運用視覺感官加強學習的成效對於年齡小的孩子非常適合。國中的孩子，Legeane 著重在聽力的訓練。有時候她會說一個故事，說到一個段落時，請學生寫下他所聽到的各種細節，以測試學生的聽力程度，或者是讓學生練習將中文翻譯成族語，這樣一來就加強了學生聽力和寫作能力。

在 Legeane 的班級中，會看到各種年齡層的孩子，她提到雖然混齡教學有其限制，但也未必完全不好。例如，初階的孩子要學的單字比較簡單，她會先讓初階的孩子們先來上第一堂課，第二堂則是高階與低階的孩子一起上，久而久之，年齡較小的學生在無形中預習了未來要學的單字。此外，混齡教學可以讓學生之間情感更緊密，高年級的大哥哥大姊姊會熱心輔導低年級的弟弟妹妹，讓語言巢就像一家人般溫暖。

Legeane 的學生上課一景

以身為鏡，勉勵孩子

　　Legeane 除了認真教學以外，她也很重視孩子學習時所遭遇的問題，或許是過去她在平地求學時曾有受挫的經驗，因而她很能感同身受孩子們求學過程中會遭遇的學習壓力或認同迷惘。Legeane 期許自己是學生的良師益友，希望她不僅是教學生族語，也能給予學生情感上的支持，讓學生把語言巢當成另一個家，彼此互相幫忙、互相成長。

　　Legeane 提到語言巢曾有一個孩子，考上了不錯的高中後，因為學業成績與其他同學有落差，心裡就慢慢封閉自己，不敢表達自己的難題，認為別人會有偏見歧視。Legeane 回想自己求學路上的點滴，她覺得或許別人沒有看不起的意思，但自卑的心往往先把自己困陷了。她從自身的成長經驗，照見原住民族夾處在臺灣大社會中，他們心裡可能有的幽微陰鬱，她不願自己受傷的歷程覆轍在孩子身上，所以常鼓勵孩子，要對自己有自信，不要因為一點差異就否決自己。Legeane 也盡量讓孩子有表現的機會，讓他們看見自己的優點與長處，

所以在她的語言巢裡，充滿孩子們愉悅的笑聲，從他們的笑臉與輕鬆的氛圍中，可以感覺到孩子們對 Legeane 濃厚的感情與信任。

Legeane 與學生

Legeane 表示，現在的孩子們對族群文化比較沒有危機感，身為族語老師一定要時常提點學生。有時候透過活動或比賽，讓他們了解穿傳統服飾、說族語就是一種彰顯自我族群的表現，孩子們也能漸漸體會當自己穿著一身傳統服飾，與只套上簡單背心時，這兩者的差別是什麼？她認為，一定要讓孩子們發現自我族群的文化價值、肯定自我，學生才會愛護尊重自己的族群。

原住民家長的重要性

Legeane 回部落作田野調查時，發現大部分的老人家都會遷就孫子說國語，有些老人家說起國語很吃力，為了與孫子溝通還是勉強自己，這樣的景況讓 Legeane 非常難過。她認為現在應該是反過來，讓孩子們跟著老人家學族語，從父母親開始在家養成說族語的習慣，從日常中的一兩句話開始，刷牙、洗臉、

打招呼都用族語，慢慢的就會營造全族語的環境。Legeane 強調，老師再怎麼會教，父母親畢竟是與孩子相處時間最久的，多跟孩子互動一定會有成效，這只是做與不做的問題而已。

Legeane 提到現在仍有一些家長讓孩子學習族語的動機，僅僅只是為了升學可以加分而已，而有些家長態度也比較消極，認為就算沒有通過族語考試也可以加分 25%，有沒有學族語不是很重要。她認為這樣的制度對於族語傳承是有害無利的，學習族語的目的只會變得很功利導向。因此，她表示自己除了教族語以外，還要教觀念給家長，如果家長不重視族群文化傳承，孩子自然不會想多學，所以建立家長的族群認同與凝聚家長們的情感就變得很重要。

目前部落大學有開設一些針對成人的族語課程，她建議族語老師們多鼓勵家長們去上課，不只孩子需要族語，家長也很需要。藉由上課、活動的引導，達到親子之間彼此成長的目的。如果家長能從自身做起，就較能瞭解為什麼孩子們需要學習族語，也會期許自己未來能為族語傳承效力。Legeane 認為家長的參與和認同是族語教學成功與否的關鍵，家長態度轉變，孩子學習族語才有希望。

族語教學困境與展望

Legeane 提到族語教育制度面的問題，她說目前族語教師的薪資時常不按月發放，尤其是南部的族語教師，有的甚至半年發放一次，許多族語教師連每個月的貸款都付不出來。目前族語教師人數並不是非常多，然而這樣的情況如果再不想辦法解決，只會讓族語教學的困境雪上加霜，她希望相關單位能夠拿出誠意改善薪資的現況，否則如何能穩定族語教育工作。

Legeane 最後謙遜地說，族語教育要學習成長的地方還很多，所以她持續自我進修，時常回部落作田野調查，問老人家傳統的文化習俗。她也常利用寒

暑假期間，參加許多研習課程，以及觀摩其他族語教師上課情形，只有不斷地自我學習，才能讓教學更豐富。Legeane 也提到族語教師相互交流的重要性，大家一起鼓勵打氣，一起為族語教育努力，才能發揮族語教師最大的影響力。

Legeane 與學生

　　族語教學與學習環境並非理想，然而 Legeane 老師不受困，她語重心長地說，從決定加入族語教學的行列時，她就知道這是一份捍衛文化的工作，自己既然肩負起傳承的使命就不會放棄，她告訴自己她會一直教下去，直到她不能說話為止，也會持續堅持在這塊領域上。Legeane 老師眼光不只看見族語的重要性，更能看見族群文化珍貴的價值，不求自己的利益，但求盡己之力讓族語永續長存。

第九章　殷勤灌溉族語的種子——
浦正昌（Ava'e Poiconʉ）老師

晚間，原住民族電視台的一號攝影棚正準備著族語新聞節目，
主播端坐正位、整頓心情，隨著導播最後的讀秒，三、二、一、
鏡頭一帶上，鄒語鏗鏘有力地播送在攝影棚內以及電視機前。
這是一個現場直播的節目，主播是鄒族人浦正昌老師（Ava'e
Poiconʉ）。

Avay（左）於原住民電視台播報鄒語新聞

全族語的童年生活

　　Avay 是阿里山鄒族人，鄒族分兩個社系，一個是達邦社、一個是特富野社，他來自於特富野社（tufuya）。Avay 雖然家中並不富裕，但浦家在當時部落中已算是小康家庭，七個兄弟姐妹的感情也十分深厚，不管誰有困難，所有成員都會主動幫忙。

　　Avay 認為自己非常幸運，由於外公是部落的頭目，從小他就深受鄒族的文化薰陶，小時候家裡就在部落的重要建築——庫巴（kuba）旁邊，因此成長過程中常有機會體驗部落的傳統文化，也很容易能感受部落的文化氛圍。

　　Avay 的父親是一名國小老師，由於當時禁止說方言的政策，Avay 的父親不能教他母語。但由於父親從事教職，時常在阿里山區的學校奔忙，因此小時候他多半都是在母親和奶奶身邊，奶奶完全不會說國語，只會說鄒語和日語，所以 Avay 和媽媽很自然而然地都以鄒語來溝通，奠定了 Avay 良好的母語學習環境。長大後，Avay 才發覺原來自己的母語都比同齡同輩的族人來得好，是因為小時候的基礎非常紮實。

Avay 年輕時於家中幫忙

異地求學、駐外工作

　　Avay 的父母親對孩子的教育十分重視，讓孩子們自主而適性地發展。
Avay 從幼稚園到國小都在達邦國小讀書，國中就讀嘉義輔仁中學。國小時期
Avay 在部落的成績都是名列前茅，但是到了輔仁中學以後，成績卻時常吊車
尾，如此的落差讓他一下子無法適應。Avay 回想起中學的日子說道，那時候
原住民學生都是離開原鄉，初次接觸漢族社會，造成原住民學生很大的壓力。
不過，學校的傅禮士神父非常鼓勵校內的原住民學生，常常叮嚀他們要更加努
力。原住民族學生也因為擅長帶活動，唱歌、跳舞極有天份，所以也很得其他
漢族同學、師長的喜愛，大家都能和平相處。Avay 表示，念輔仁中學時，他
只有在寒暑假才能夠回部落，因此講母語的機會大大減少，但因為小時候的基
礎很紮實，所以母語還不至於流失。

Avay 年輕時於憲兵學校晚會活動

　　因家中有七個兄弟姐妹，所以父母無法資助 Avay 繼續升學，高中畢業後
Avay 選擇就讀憲兵學校。由於 Avay 是憲兵出身，常有被外派到國外的工作機
會，例如他曾被派任到美國、中美洲的瓜地馬拉，以及薩爾瓦多等地駐外。外

派經驗讓 Avay 學習了英文、西班牙語，他認為西班牙語和鄒語語調、語音有些相似，因此他的西班牙語的語感特別好，練就了一口流利的西班牙語。由於在薩爾瓦多生活了四年，Avay 深怕自己因久未使用母語而遺忘，因此他時常面對著大樹，獨自練習說母語，這是他避免忘記母語的不二法門，也把握每次打國際電話回臺灣的機會，和家人盡量地說母語。

Avay 年輕時於憲兵學校

　　因著與西班牙語的特殊緣份，讓 Avay 能夠在薩爾瓦多遇見他的靈魂伴侶，也讓臺灣的阿里山和薩爾瓦多的咖啡豆結下了奇妙的緣份。Avay 的妻子是西班牙後裔，而他的岳父得知兩人相戀後，給了 Avay 一袋的咖啡豆，告訴 Avay：「這咖啡豆，叫愛情咖啡，你帶去你的故鄉種種看，如果結實纍纍，代表你們的愛情會成功。」

Avay 與妻子在薩爾瓦多

　　生命中的人、事、物，似乎有著冥冥安排，Avay 將咖啡豆帶到阿里山試種，兩甲地的咖啡豆，經過 Avay 妹妹的整理，花了七、八年時間，竟然都適應良好，而咖啡豆也見證了 Avay 與夫人的異國戀曲，兩人終能開花結果。當初這些遠渡重洋，從薩爾瓦多帶回來的阿拉比卡種咖啡豆，現在竟變成阿里山的重要農作物，也獲得全國冠軍。Avay 的妹妹在阿里山經營民宿並照顧咖啡園，姊姊在臺北市經營簡餐店，兩家店所使用的咖啡都源自阿里山咖啡，其口感、品質深受顧客喜歡。因環境非常適合種植咖啡，部落已經是未來臺灣最大的生產地。

貢獻所長，傳承族語

　　Avay 很重視原住民族文化及語言，過去這幾年，除了自己的工作以外，Avay 還擔任八年「旅北鄒族」的會長，又是族語教師協會的理事長，負責推動母語和文化。儘管有些人曾勸 Avay 不需要如此勞累，但 Avay 認為從事文

化工作，就是靠著使命感，即便許多工作都是無給職，但 Avay 仍是努力投入，要為自己族群的下一代繼續付出。

Avay 的父親及岳父驗證愛情咖啡的結果

北鄒同鄉會員大會

　　Avay 對於母語傳承的使命，源自於他對自我族群的愛護與認同。Avay 表示，雖然他在都會區工作，回部落的時間不多，但他每年都會參加部落的小米收成祭、戰祭、播種祭以及狩獵祭。Avay 如此堅持，是因為這些祭典都是鄒族的文化精神，如果不深入其中，根本無法繼續傳承。Avay 一有空也會拜訪老一輩的部落長者，向他們請教有關鄒族文化，盡可能蒐集、記錄鄒族長輩的智慧與經驗，由於許多耆老的相繼凋零，更讓 Avay 感覺到與時間賽跑的緊迫性。

Avay 訪問部落耆老

　　Avay 在外交部的工作已非常忙碌，但一聽說原住民電視台需要播報族語新聞的鄒族主播，他就不加思索地接受請託，接下了鄒語主播一務，只為了讓族語新聞中有鄒語的聲音，且讓族群語言能被聽見與傳承。對於自己的歷練與表現，他始終很謙虛地認為自己很幸運，總是比別人多了許多機會能夠再學習自己的母語。例如，播報鄒語新聞時，他也常遇到許多不知如何翻譯的族語，這時他就會請教長輩該如何說，這些經驗都是母語能力養成的一環。

Avay 獲得雲豹新聞獎

踏入族語教學的旅程

多年前還是臺北市長的馬英九先生曾於接見原住民族學生時問一個問題：「你叫什麼名字的族語怎麼說？」在場的學生沒有人會回答，如此的情況也讓馬市長很驚訝，於是請當時任職於臺北市原住民事務委員會的主任委員孔文吉先生，思考如何協助原住民孩子學習族語。孔主委曾出國訪問紐西蘭，對當地原住民毛利人的語言巢深受啟發，回到臺灣後立即規畫毛利人語言巢模式，實施臺灣原住民族語言巢計畫。主委連絡願意擔任語言巢種子教師的原住民族人，受訓學習南島民族的文化課程，Avay 就在這樣的背景之下，接觸語言巢，開啟了族語教學工作。

Avay 教過的學生中，有的從小學就跟著 Avay 上族語課，現在有些都已經是大學生了，令 Avay 感到欣慰的是他所教過的學生，幾乎都通過族語認證，而其中兩個學生還是全國族語比賽的冠軍。他認為照一般情況來說，原鄉地區的孩子在學習族語上，會比都會地區的孩子來的有優勢，畢竟還在部落，聽、

講的練習機會應該較多，然而比賽結果卻是都會區的孩子奪冠，學生能有如此卓越的表現令他與有榮焉。

　　語言巢在施行幾年後，有次馬英九先生在連任市長期間，與原住民族學生在臺北 101 慶祝原住民族日，會中他又問了幾個有關族語的問題，Avay 的學生皆能對答如流，並且學生也以族語表演餘興節目，這顯示了三、四年的努力已有成果，也讓 Avay 覺得當時推動語言巢計畫相當值得且具有成效。之後族語推動的工作由行政院原住民族事務委員會負責，原民會規劃族語能力檢定考試。由於 Avay 深厚的母語基礎，讓他高分通過測試並參與研習，成為第一屆的族語教師。

Avay 參加族語老師培訓

族語教學困境與堅持

　　Avay 在教學過程中發現，有些家長不是很在意孩子學習族語，造成孩子兩天捕魚三天曬網的學習態度；而有些家長讓孩子學習族語，目的只是想通過考試，通過考試後就不來上課。Avay 明白族語教學有一定的困難度，但族語

教師們都盡可能地與家長溝通，讓家長體認到家庭配合的重要性。Avay 也常舉辦一些活動，促進家庭更多地投入族語教育。例如他擔任族語教師協會的理事長，舉辦過族語演講比賽，也舉辦話劇比賽，以家庭為單位，讓全家人用母語來演話劇，目的是讓母語家庭化與生活化。協會也舉辦小小主播活動，讓孩子用母語播報新聞，培養他們對播報新聞的興趣，也藉此培養原住民學童的族語種子，期待他們會發芽、茁壯。

　　Avay 表示，初創時期族語教師們都自己設計教材，從各自族群的文化、歷史、歌謠開始著手，不懂的就回到部落向長輩請教。目前族語教材有九階教材，但 Avay 認為九階只是一個階段性的教材，慢慢地會不敷使用，未來需要再開發進階教材。因為每一個族群的文化特性不一樣，阿美族的文化就會有許多關於海洋、魚類的語彙，卑南族就會有花環、會所等文化的意象，因此幾乎所有的族語教師，都必須按照自己的族群特性自編教材。然而政府在這方面並沒有給予族語教師所需的資源與經費，再加上族語教師的薪資常不定期發放，許多族語老師在生活上都已捉襟見肘，還得自費準備教材，讓這樣的情況更是雪上加霜。Avay 建議未來能夠編列族語教師的研究費，支持族語老師自編教材使用，讓老師們無後顧之憂地專心教學。

臺北市原住民語言巡訪視評鑑

　　Avay 的族語教學工作已進入十年，過去因為離開部落在外求學、工作，深覺自己離母體文化逐漸遙遠，因此每年的祭典、部落大事，Avay 不管如何都會返鄉參加。他也常帶朋友到各部落參訪，一個月回部落數次，讓外地的朋友體驗鄒族的文化。

Avay 帶朋友體驗部落生活

Avay 帶朋友體驗部落生活

　　Avay 現在也幫忙南投的久美、羅那部落教族語，因為南投混雜著布農族的關係，且布農族人口較多，族語維繫不易，所以他也會到部落支援，教當地的學童或成人族語。Avay 的生活除了工作以外，就是族語教學，因為有使命感，即使臺北、部落兩邊奔忙，他也樂此不疲。

Avay 參加小米收成祭

　　一棵葡萄樹的成長為的是豐富地供應果實。Avay 老師對族語教育的付出，就如同葡萄樹，不斷擴展自己，讓生命在裡面增長，以讓周圍的人連結於他，便能領受滋潤與豐富，並且有洋溢發旺的生命，以結纍纍的果實。Avay 老師著實是一個活出自我、活出生命意義的鄒族人。

第十章　從分享中湧流出滿足的喜樂——
　　　林照玉（Amoy）老師

第一眼看到 Amoy 時，就被她熱情、充滿朝氣的聲音吸引住，她渾身所散發的自信總讓人印象深刻，她就是參加五燈獎歌唱比賽獲得五度五關的衛冕者，也曾入圍第 19 屆金曲獎及第 44 屆金鐘獎，在舞臺上發光發熱的林照玉（Amoy）老師。

Amoy（左一）入圍第 44 屆金鐘獎

童年生活

　　Amoy 出生於臺東縣東河鄉都蘭村，是一個依山傍海的小村落，鄉內居民

以阿美族為主。早期都蘭有許多水田，一般的農家子弟平常都要幫忙家裡放牛，隔壁的興昌村是 Amoy 小時常去放牛、洗衣服、挑水的地方，Amoy 放牛時總是一邊埋頭讀書、一邊抬頭看牛，趁著太陽還明亮的時候把握時間看書。

Amoy 成長的背景相當艱辛，童年時家裡務農種了很多水稻，每到水稻收割時，一袋袋的米不是進自己家的倉庫而是進了碾米廠。那時候大家都是吃地瓜長大的，吃米是很奢侈的事情，經濟好一點的情況，家裡還可以煮地瓜摻白米飯，不過大部分時候都是地瓜，米飯很少，吃不飽是司空見慣的事情。

Amoy 是家中唯一的女兒，其他四個都是哥哥和弟弟。從小 Amoy 就很懂事，會幫母親分擔家務，舉凡燒飯、洗衣、灑掃等工作，都是打從四五歲開始就會做了。她始終記得，以前煮飯時她都會在旁邊等飯煮熟，開鍋蓋時看到地瓜飯熱氣騰騰的撲鼻而來，總會忍不住偷偷用手指挖了好幾口米飯，熱呼呼的米香在口中溢開的幸福感是她難以忘懷的味道。

Amoy 從不怨天尤人，總在困苦生活中尋找希望。小時後，道路建設很缺乏，路面都是泥土路，去學校上課還得過河，那時候買不起鞋子，大家幾乎都打赤腳，從家裡走到學校大約要走一個小時。不過，上學途中的風景相當美麗，有小溪、樹林、飛鳥蟲鳴，消解了走路的辛苦。那樣艱困的環境幾乎沒有什麼食物可以吃，每次肚子餓時，Amoy 就會到戶外採地瓜野菜充饑，她表示，從小跟著爺爺奶奶採野菜，邊看邊學自然知道哪些野菜可以煮來吃，生活的窮困讓她及早獨立，懂得照顧自己。

一心向學

阿美族是母系社會，Amoy 說母系社會就是指女孩子要繼承家業，通常要肩負家庭的責任，受到的束縛與限制也比較多。父母親比較希望四個兄弟能讀書升學，未來有個好出路，至於女兒就留在家裡顧家。所以當時兄弟們是揹書

包上學，而她則是揹書包放牛，一個星期她上學三天、放牛三天，她心中非常渴望上學，知道自己讀書的時間不多，因此常一邊放牛、一邊讀書。

　　Amoy 回想起以前走進校門口的心情，總是特別珍惜坐在教室聽課的時光，以及和同學打鬧說笑的歡樂。Amoy 在學業表現一直都很優異，深具表演天份的她，參加各種歌唱比賽也屢次得名，可以說是校園的風雲人物。學校導師認為她是個可造之材，不忍她必須為家庭犧牲求學，多次向她的父母親勸說，讓 Amoy 繼續到學校上課。然而，這樣一邊放牛、一邊上學的情況仍是持續到她國小畢業。

　　都蘭國小畢業後，Amoy 想考初中繼續讀書，因哥哥念高中及三個弟弟都還在念小學，家中經濟負擔沉重，加上父親出遠洋長期不在家，家裡只剩下母親一人耕種作田，農務相當繁重，因此 Amoy 不得不放棄求學，留在家裡幫忙。有時為了貼補家用，她還得上山種樹，那時候薪水很微薄，累了一天才賺十五元。她說，每次回鄉看到東河鄉整片青鬱的山林，總會想起小時候她在林班種樹苗的情景。

Amoy 從小到大照片集

Amoy 平時除了工作務農以外，教會也是她生活重要的寄託。有次聽到牧師說，花蓮基督教會有專辦護理學校，而且是免學雜費的，她知道以後非常心動，希望能有讀書的希望。牧師知道她家裡的情況也很支持她，於是 Amoy 便偷偷到臺東參加入學考試，為了準備考試，那段期間她卯足全力看書，有時到了晚上仍捨不得放下書本。

放榜後，Amoy 順利考上學校，但她卻心亂如麻，不知該怎麼跟母親說，直到出發的前一個禮拜，母親才從牧師的口中得到消息。離開當天，母親十分不捨，當車子開到家門口準備接走 Amoy 時，她母親立刻從家裡追了出來，一邊哭一邊抓著 Amoy，雖然 Amoy 內心掙扎不已，但她知道自己是箭在弦上不得不發，如果不把握這次機會，恐怕自己再也不能讀書了，於是她鬆開母親的手，車子疾行中母親難捨的淚眼已模糊在飛揚的塵土裡。那時候的 Amoy 只帶了一個小背包，她就這樣踏上了往花蓮的列車，展開她的求學之路。進入護校後，學生都是來自四面八方，Amoy 才知道原來臺灣有這麼多不同的族群，也才發現要學習的事物很多。為了不辜負媽媽對自己的期待，她奮發積極用功讀書，畢業後也以優異的成績被分發到臺北的馬階醫院。

美麗的人生風景

工作以後的 Amoy，平日除了照護病人以外，熱情開朗的她總能集結許多原住民族人，大家組成合唱團，在休息時間為病人獻詩，有時也會到安養院、孤兒院為老人與孩子們帶來歡樂。有一天，Amoy 在電視上看到五燈獎歌唱節目，她藝高膽大找了朋友組隊報名參賽，一路挑戰最後變成衛冕者。她永遠記得民國 69 年 9 月 30 號這一天，當天部落出動了一部遊覽車，從縣長、鄉長、頭目到大大小小的族人，都坐車北上到現場給 Amoy 加油打氣，而那天她也成功地通過五度五關。雖然後續有許多唱片合約等著 Amoy，但她都一一推辭，

因為她知道她愛唱歌並不是只為了當歌星，所以仍專心留在醫院服務。

Amoy 1986 年於香港電視台

　　之後，Amoy 組織了詩歌佈道團，常常有機會到東南亞各國佈道，她發覺在服侍上帝的過程中，自己感到非常平安與滿足，於是辭掉了護理工作，決定專心為上帝奔跑，也不斷進修，讀神學院、學習歌舞藝術，充實自己，而這些生命的歷程，都成為她人生中美麗的風景。

培養學生說族語的習慣

目前從事族語教學的 Amoy，上課的教材除了以政大的九階教材為基準外，她還會再蒐集其他的補充教材。例如，她會充分發揮她歌唱的天分與實力，將有關動物、數字、顏色等主題字彙，串在一首歌裡，學生藉由反覆練唱過程中，逐漸能熟記字彙。她也會將舞蹈動作與自編歌曲納入教材裡，讓學生學習族語不感到無聊。

Amoy 1982 年臺北仁愛堂詩歌演唱（右）

Amoy 的上課教材

Amoy 的語言巢教室布置

　　語言巢通常是混齡教學，孩子的程度落差極大，因此教學上隔外困難。
Amoy 認為教學重點需配合學生年齡層的不同需求作適當的學習內容調整，低
年級的學生著重聽力和簡單口語表達，而高年級的學生就可以增加更多的口語
對話。另外，Amoy 表示，由於現在的孩子們缺乏部落經驗，因此課後練習就

變得相當重要。在她的課堂中，她都要求學生回家務必練習上課所教過的內容，下次上課時每位學生要回報他們練習的情況。

　　Amoy 發現，孩子們只要一開口說族語，家裡的阿公阿嬤都會非常高興。曾有一個學生因為參加族語朗讀比賽，將朗讀稿帶回家練習，唸著羅馬拼音的文章內容，家裡的阿嬤聽到了就幫他逐句翻譯，後來比賽時得到了第二名。Amoy 認為，其實孩子參賽重點不在於得名，而是祖孫兩人共同為族語比賽而努力的經驗是非常可貴的。所以，在家中講族語只是習慣問題，而習慣可以培養，只要家長們關心孩子們學習族語的狀況，多跟他們練習對話，相信孩子們會學得更多。

Amoy 上課情形

Amoy 與學生

分享族語教學的喜樂

　　Amoy 在部落大學也有開設族語課程，她表示由於阿美族人原漢通婚的比例很高，許多族人到部落大學上課，也想認識其他的族人，因為生活中講族語的機會並不多，所以老師都會要求學生在課堂上盡量說阿美語。原住民族只要一聚攏在一起就會很熱鬧，大家上起課來非常快樂。Amoy 有時會安排阿美族的傳統文化與歌舞教學，她提到有些學生很熱情，上課都會帶一些自己做的菜，下課以後，吃吃點心聊聊天，也是情感交流的一部份。Amoy 認為在都會的原住民族還能夠有部落大學作為學習聚點，這是在都會生活工作的族人難得之幸福。

　　Amoy 有感而發，原住民族文化深具特色，是可以走出國際彰顯獨特臺灣風采。欠缺原住民族，就沒有真正的臺灣風味。Amoy 語重心長，期望原住民族不要看輕自己，每一個族群文化都有它豐富、魅力的一面。她鼓勵族人努力學習族語並認同自我，以原住民族文化為傲，同時努力開發原住民文化精髓，提昇原住民文化藝術的精緻性。

Amoy 學生舞蹈表演

Amoy 全家福

　　Amoy 的一生依靠上帝，帶給她生活的力量與盼望。她相信上帝在她生命中有一個美好的計畫，因此不被困境侷限，不輕言放棄，反而在越艱難的環境裡展現生命力，把握住人生的每一個舞臺，散發出光和熱，讓她周圍的人感染她的熱力，也從她的分享中創造出滿足的喜樂。

第十一章　族群的心為心——
高進財（Nikar, Calaw）老師

艱困的環境無法澆息 Nikar 老師的熱情，他相信生命會自己找出口，也許需要更多的冒險與勇氣。不變的是對族群的心，帶領學生去思考族群身分的意義，擁抱自己的族群，是 Nikar 執著的教學理念。

Nikar 學士畢業照

家境清苦，努力向學

　　Nikar 來自於花蓮縣光復鄉的馬太鞍部落，位於花東縱谷平原，漢人與原

住民大約各半，原住民則以阿美族為主。Nikar，阿美語是指很早的意思。臺灣早期衛生條件普遍很差，Nikar 的父母親雖然陸續生了十個孩子，但真正活下來的僅有三個，也就是一個哥哥、妹妹和 Nikar，其他的兄弟姐妹都因醫療環境差而相繼過世。因此，家人替他取這個名字，希望他能勤奮向上，及早興旺家族。

Nikar 小學畢業後面臨升學關卡，當時家中有兩甲地，但家裡只剩下母親一人，兄弟倆必須要有人留下來幫忙家裡的農務。由於他的學業成績一向很好，於是兄弟倆達成協議，哥哥勤快擅於工作就留在家裡務農，而他則繼續升學。當年是初中入學考試的最後一屆，Nikar 考取了花蓮省中與光復初中，然而家裡經濟捉襟見肘，始終無法繳出初中的註冊費，Nikar 只好無奈辦理退學，暫時先去修甘蔗以增加家裡收入。

Nikar 少年時於家鄉

　　由於想讀書的念頭一直縈繞在 Nikar 的心上，第二年他拜託大舅讓他加入基督長老教會芥菜種會的重考班決心捲土重來，而這次目標鎖定在農校，因為讀農校是公費生，不用繳學費，況且當時臺灣社會普遍重農，Nikar 後來也順利考取了臺東農工，終於一償想讀書的渴望。

　　農校的時光，因為家境窮困，他必須拼命讀書，以確保每年都能拿到學校的獎助學金，他就靠著獎學金完成了在農校的學業，最後他以全校前五名的優異成績畢業，直接保送高職。當時臺灣社會逐漸從農業社會轉為工商業社會，汽車修護科系是當時的熱門，Nikar 就轉考臺東農工的汽修科。高工畢業後，Nikar 曾在糖廠當季節工，後來正巧碰上了臺灣肥料公司南港廠要應徵技士，那時候全國八大工業學校的畢業生都前來報考，總共有二百六十多位應徵者，要競逐十二名的職缺，由於 Nikar 有化工的基礎，加上各方面條件都很優異，因而從多位競爭者中脫穎而出。

Nikar 臺東農工畢業照

學習族語

　　一般人在出社會工作以後就不大有使用族語的經驗，然而 Nikar 卻是相反，他是工作了以後才開始頻繁地講族語。當時 Nikar 的工作常需要到花蓮、臺東等地和民眾介紹肥料的使用，由於 Nikar 本身是學農業的又有化工基礎，有關農作物的生長、肥料的施灑與作用他都瞭若指掌，惟獨語言溝通出現了障礙。當他走到原住民族地區時，原住民族的農友聽不大懂國語，通常都要求他用阿美語介紹，這時候 Nikar 發現了自己族語能力的不足，為了改善這個問題，Nikar 尋求教會的幫助，當時原住民教會已有使用羅馬拼音，因此他就在教會裡開始學習族語。

Nikar 少年時穿著傳統服飾

　　Nikar 陸續接觸了族語學習的研習與書籍，越學越有興趣，民國九十年參加族語認證考試，也順利通過認證。為了投入族語教學，他認為自己的學歷不高，應該繼續充電學習，因而到空中大學修讀教育相關的課程，諸如，教育心理學、教育行政等，最後完成空中大學公共行政學系的學士學位。

族語教學困境與展望

Nikar 曾在建安、修德、東湖國小及臺北市政府成德阿美族語言巢任教，Nikar 表示他剛接觸族語教學工作時，行政院原住民族委員會並沒有幫他安排學生，所以他是一步步慢慢去找學生的。由於原住民普遍信仰基督教或天主教，因此他先從教會開始找學生，目前 Nikar 語言巢的學生有原住民族學生也有非原住民族學生。Nikar 說原本家長們不是很了解語言巢功能，很多父母親把語言巢當成安親班，不把學習母語當作正規活動，反而是來語言巢寫功課，到了快認證考試的時候，又要求老師一定要孩子通過，造成老師很大的壓力。Nikar 透過耐心的解釋，讓家長們逐漸認同並願意讓孩子跟著他學習族語。

對於非原住民族的學生來學習阿美語更是讓 Nikar 感動，因為他們都對原住民語言、文化很有興趣，即使沒有補助也願意自掏腰包學習阿美語。Nikar 心裡有感而發，連漢人的朋友都嚮往阿美族文化與語言，何況是阿美族的子弟呢？Nikar 也希望老師能鼓勵學生學習族語，特別是漢人教師，若是能從正面的角度告訴孩子學習族語的意義，學生會更有意願學習，因為連不是本族人的老師都這樣鼓勵了，學生會去思考自己的族群身分帶給他的意義。

Nikar 說明他的教學理念，人不能改變自己的出身，是原住民族就應該擁抱自己的族群，不能忘記自己是誰。他以張惠妹舉例，即便像阿妹這樣登峰知名的巨星歌手，從來沒有隱藏自己身為原住民的身分，她一回到臺東一樣換上傳統族服擁抱她的族人，不會因為她登上世界舞臺或是擁有幾萬個歌迷而忘記她自己是誰，也讓所有的人認識原住民，以原住民為榮。Nikar 認為，這一點是很令人敬佩的，也是原住民族要學習的。

Nikar 於語言巢教課

為了激發學生對自我文化的認同，Nikar 花了很多時間在教材的改編，他認為要學生喜歡上族語課，教材的活潑性是很重要的。Nikar 會蒐集其他語言教材，他發現客、閩教材都做得比較精美，只需要把內容改成族語就可以使用。Nikar 也認為上族語課一定要讓孩子瞭解背後的文化意義，才能達到族語學習的目的，例如，有一次上到阿美族的情人背袋時，他會把背袋的含意說得很清楚，而不是只拿來穿戴而已，因為物品本身的意義是要透過文化才能理解，學生有機會戴起背袋時，感覺也會不一樣，因為他們瞭解這個背袋的文化意義。此外，Nikar 也常用影片讓學生可以身歷其境，因為用講述上課畢竟有限，視覺的學習是最直接的。因此，Nikar 期望有關單位能修訂族語教材，增加更多的族語學習資源，讓學生更有動力學習族語。

Nikar 認為族語教育最嚴重的問題是族語教師不被重視，不僅有薪水延遲發放的現況，許多族語教師上課時間都不是在正規的時間，上課的教室也常是在學校的邊疆荒涼地帶。Nikar 希望上級單位能夠重視這個問題，保障族語教師的權益，不要讓族語老師們感覺自己不重要，上課時間、地點都是差人一截。

Nikar也常思考，如果未來的加分制度會年年遞減，那孩子們還會學習族語嗎？學習族語的誘因又是什麼？這些是政府在推行族語政策時應該考量之重點。Nikar建議有關單位，提出族語教學的願景，讓教師有明確的教學目標，也讓原住民孩子有學習認同，並能更進一步學以致用，在未來的職場或生活中，因著族語能力更具競爭力。

Nikar 穿著傳統服飾

　　生命中的困苦原是要成全我們，賜力量給我們，讓我們生命更具厚度。因為曾有的苦難，讓 Nikar 經試煉之後必如精金，更從中得福，抱持積極、感謝、珍惜的態度教育學生，也將這樣的態度無形中傳遞給孩子。如同芥菜子，外在形狀雖小，但內在生命所產生的果效強大，可以長出豐富的菜蔬。Nikar 努力紮根原住民族孩子的文化認同，必能結出茂密的枝葉，承接原住民文化的有形與無形資產。

第十二章　做孩子腳前的燈、路上的光——
林春妹（Masako）老師

傍晚時分，遠遠的一個黑點逐漸靠近語言巢上課的專用教室，有一個身影拉著一只皮箱，每次上課這個皮箱都會如期出現，彷彿它也是語言巢的學生之一，而這只皮箱的主人就是熱愛族語教學的 Masako，林春妹老師。

阿美族姑娘 Masako

童年生活

Masako 來自花蓮瑞穗有著天然溫泉的瑞祥部落，父親是阿美族人，母親

是漢人。Masako 小時候居住的部落環繞著漢人村莊，早期臺灣社會對於原住民族的歧視相當深，原住民族常被嘲笑為「番仔」，媽媽為了保護 Masako，因而不鼓勵孩子說族語，親子間用日語來溝通，以免孩子受到歧視。

Masako 的父母

　　Masako 的鄰居是一位來自港口部落的老奶奶，獨居的老奶奶住在木造日本魚鱗式的房子。孩童時期 Masako 很喜歡到老奶奶家串門子，也因為老奶奶只會說阿美語，所以開啟她學習阿美語的機會。Masako 通常會好奇地問老奶奶這個怎麼唸、那個是什麼，這樣的互動經驗，讓她不知不覺學到很多阿美語，奠定了族語的基礎。

接觸族語教育

　　Masako 在 20 歲時離開部落到臺北念書、工作，後來認識了漢人夫婿，結婚後在汐止定居。剛開始夫家對原住民族難免有刻板印象，Masako 努力讓夫家了解與認識原住民，解除他們對原住民的偏見。Masako 提到原漢文化存有許多差異，原漢結合的婚姻更需要給彼此更多的包容與耐心。

文定之日家族合照

　　婚後的 Masako 因為教會的關係接觸到汐止的原住民族朋友，她也開始關切原住民族事務。某次偶然的機會下，看到第一屆族語認證考試開辦的消息，當時她已有會計的工作，只是想參加考試，試試自己的族語能力。結果考試當天，阿美語的考官們都非常幽默，口試的問題也都很生活化，就像在部落話家常一樣，Masako 都能對答如流，考試過程非常順利，經過研習課程培訓後，開啟了 Masako 族語教學之路。

Masako 與父親

鼓勵式的族語教學

談起自己的教學經驗，Masako 認為以現在都會地區的環境來說，族語傳承實在不是一件容易的事。她深知都會區的孩子升學壓力大，也沒有部落生活的環境，學習族語的動機自然不是很積極，剛開始孩子接觸族語學習時通常是心不甘情不願，因此，如何點燃與不澆熄孩子學習的興趣是她教學中最重要的課題。

Masako 會採取鼓勵與引導的方式激勵孩子，她常和語言巢的孩子說，我們多學一種語言可以多增加一種能力。她也以自己為例，她和大部分的學生一樣都是二分之一的原住民族血統，但仍通過了族語考試，勉勵學生族語一點都不難。

Masako 認為語言學習要多聽，很多孩子對於阿美語的發音語感不至於陌生，但是因為孩子學校課業負擔沉重，光是應付學校的考試就已經分身乏術，因此她鼓勵孩子回家多聽族語課本所附的 CD，盡量在日常生活中找時間聽。

Masako 老師的母語教學

例如，早上刷牙洗臉時、捷運通勤時，就當音樂一樣播放著，聽不懂也沒關係，每天就記住幾個字彙，一天天慢慢地累積，等到哪一天上課，突然覺得這個發音好熟悉，自然就會想知道那是什麼意思，學習果效就會彰顯。

Masako 除了使用九階教材外，她也會準備有關阿美族在食衣住行方面的字彙教具。她提到由於阿美族是天生的美食家，因此只要上到有關食物的課程，她都會盡可能地準備實體教具。例如，有次上課 Masako 帶了野菜盆栽來，她說如果只是將植物採摘下來給學生看的話，長時間上課植物會因為缺水而乾枯，為了讓學生清楚辨認課堂上所教的野菜植物，她寧可不怕麻煩帶著盆栽上課，光憑這一點就足以令人敬佩她的敬業精神。

此外，Masako 深知原住民族家庭在都會打拼生存實屬不易，家長多半沒有多餘的預算為孩子購書，於是她跑了一些書店挑選了有關原住民的圖書，像是神話、故事、青少年文學等共有二十多本，這也就是為什麼她上課時總會拖著皮箱的原因。她在哪裡教課，皮箱就跟到哪裡，這只皮箱就像一個小型的流動圖書館，目的是要讓學生在下課時間有機會翻閱這些書籍，看到喜歡的書還

可以借回家閱讀。

　　由於語言巢都是混齡教學，Masako 會依照學生的程度而改變教學策略。對於年紀較小的孩子，她會善用圖卡教學。例如，教到有關動物字彙，她要求學生至少要會說三種動物的字彙，並且她會挑幾個可愛、適合著色的動物圖片，只要學生敢於開口說，就可以拿圖片回去彩繪著色。對於年紀比較大一點的孩子，Masako 要求他們說出完整的語句。由於現在的孩子都學過英文，多少具備拼音能力，Masako 會先讓孩子輪流朗讀課文與字彙，過程中要不斷地鼓勵孩子，讓孩子不會感覺困難而心生排斥。

　　能夠成為 Masako 的學生是幸福的，她希望學生學習族語是快樂的，這一點從 Masako 的評量方式就可以確定。Masako 從來不考試，幾乎都是口頭評量，她強調族語最重要的是敢說、會說，因此直接的對話是最能反映學生學習的情況。由於每個學生學習狀況不同，遇到無法馬上對話的學生，她總會多給一些提示線索，讓學生旁敲側擊知道老師究竟問的是什麼。而每次到了學生比賽或認證考試的時候，Masako 其實比學生還緊張，比賽或考試期間她會替學生展開特訓，除了平時上課以外，每週還必須抽出其他時間加強學生的族

語言巢裡的孩子們

語。為了讓學生持續不間斷地努力，她也常請學生吃點心、喝飲料，替學生加油打氣。她也會在學生比較閒暇的時間，固定帶學生出去郊外踏青遊玩，作為鼓勵學生的方式。

做孩子與家長的明燈

Masako 表示，自己從事教學後發現自己也和孩子一樣是一個學習者，瞭解孩子的文化並且試著融入他們的文化，而非板起嚴肅的架子對孩子說教。Masako 希望她和學生能夠是亦師亦友的關係，或是像一個鄰家阿嬤，用自己的人生經驗引導孩子，為學生解惑。她提到現在社會出現很多誘惑，孩子因為心智尚未成熟所以難免會迷失，這時就需要有人拉孩子一把，或是點亮一盞燈，溫暖孩子的心。

Masako 帶學生部落體驗

Masako 與孩子

Masako 很重視師生關係的經營，在兩個小時的課堂中她會預留一些時間，和孩子聊天聽聽他們的學習與生活。她提到國高中的孩子心思比較敏感，也開始會有一些煩惱，家長對孩子的關心其實不只是提供物質方面的需求，精神與心理層面的關懷也很重要。有些孩子沒有什麼機會對父母親說出自己的心聲，但都會和 Masako 說，她也會用婉轉的方式轉告家長，讓家長瞭解孩子的想法。

Masaka 老師與學生們的合影

　　投入族語教學這些年來，Masako 有感而發地說，有些家長對於學習族語的觀念不是很正向，送孩子來學族語，目的是為了要獲得政府的補助。Masako 認為這樣的觀念不是很正確，有些拿到補助以後就中斷學習了，如此失去搶救族語的初衷。她提到，族語教師有時候不只是要教學生，也要傳遞家長正確的觀念，鼓勵家長陪孩子一起學習族語。Masako 每個月都會辦親子教學日和家庭聚會，讓家長們彼此認識並凝聚起來，只要有一個家長願意陪孩子學族語，用心付出就會感動另一個家長，如此族語學習才能變得有意義。

族語教學發展

　　Masako 除了教學認真以外，她還非常勤學，近幾年因為小孩也都紛紛獨立自主了，她更有餘裕的時間到臺北或花蓮阿美族部落做些田野調查與拜訪耆老。Masako 非常珍惜部落裡還健在的長輩，每次拜訪耆老都緊抓著老人家發問，有關阿美族的故事、傳說、神話、歷史文化，她就像個好學的學生，每個細節都完整地記錄。她這股熱切的追尋，是為了要填補過去因為長時間在都會

語言巢與港口體驗營

求學、工作，而與自身文化脫節的空白。幾年下來，她累積了不少幻燈片與聲音影像，而這些耆老流傳下來的智慧又成為她教學的養分，提供著她源源不絕的教材與創意。不只如此，她還會觀摩其他學校與老師的教學範例，學習別人的優點，讓自己的教學精益求精。當我們佩服著她的精神與熱忱時，她總是謙虛地說：「我是一邊看、一邊學，做中學、學中做，真的沒有什麼啦！」

對於目前的族語教學情況，Masako 有幾個建議。針對教材方面，Masako 認為九階教材並不適合小朋友學習，裡頭的內容比較適合大人，希望有關單位能夠注意到這個問題，盡快將教材建構得更完善。由於教材的開發需要一段時間，所以 Masako 建議新手族語教師要多提升自編教材的能力，多參與研習與其他老師交換經驗，有機會也盡可能回部落深造，增添教學內容的豐富性。

Masako 提到族語教室的安排問題，有些語言巢教室安排在活動中心，而活動中心晚上常會舉辦活動，聲響很大會干擾教學，而且往往也有其他課程在進行，開放式的空間造成學生很難專注，建議在安排上課地點上能夠再多加費心思考。此外，Masako 提到，現在年輕一輩的族人比較缺乏文化流失的危機感，但身為原住民族人應該將文化傳承視為己任，不能一味歸咎於生活壓力緊迫而無所作為。因此 Masako 呼籲所有的族語教師，藉由族語學習的契機，把自己的學生當作未來種子，鼓起學生對族語的認同感，做好基礎的培育工作，否則世代之間的斷層只會越加劇烈。

Masako 在過去經驗中也發現，來學阿美語的只有少數原住民，其餘都是漢人學生。她認為其他族群學生來學習族語是一件美事，那表示原住民的文化有吸引力，也能藉此展現原住民豐厚的文化底蘊，轉化一般民眾對原住民文化的印象。因此，Masako 鼓勵族語教育普及化能成為社會努力的方向，創造人民對原住民文化參與機會，使得原住民族文化更為有機地與居民發生連帶，也是提升國人認同原住民族的重要作為。

Masako 老師參與阿美族語研習營

　　Masako 有一顆願意守護族群的心，如同黑夜的一盞燈，為族人帶來許多的暖意。火光雖小，只要不滅，就能持續帶來溫暖。當學生心靈海嘯來襲時，負面聲音充斥，缺乏生命的韌性；遇到困難時，無法自我調適，或學習挫折，沒有動力學習；老師一句鼓勵、一聲肯定，或許微小，卻因此照亮生命，族語教育也因此有了傳承的希望。

第十三章　族語是通往原鄉的橋——
陳春源（Yava'e Akunyana）老師

Yavai 老師沉穩地接受採訪，他總是盡忠職守地在崗位上，默默
為族語教育付出。他說語言其實就是生活，他的教育理念其實就
是讓孩子從生活中學習，自然沒有壓力，如同他的外表一般，忠
厚樸實，回歸單純。

Yavai 老師於教學現場

部落生活

　　Yavai 是鄒族人，鄒族有分北、南，北鄒大部分居住在嘉義縣阿里山鄉及南
投縣信義鄉，南鄒則分布於高雄縣桃源鄉及那瑪夏鄉。Yavai 來自阿里山鄉特富

野社之來吉部落，依傍著阿里山溪，風景秀麗，村裡充滿部落石頭文化藝術。

　　Yavai 小時候部落生活非常艱苦，族人以務農居多，雖然家中有種植稻米，但由於量少時常不夠吃，必須再以地瓜、小米等來補充米食，也因為這樣，Yavai 從小就有插秧、理田的經驗。在那個沒有電力與電視機的年代裡，部落很單純也很寧靜，黃昏時大人們下工以後，大夥總會聚集在一起烤火、聊天、喝點小酒，到了晚上八九點，父母會催促小孩就寢，隔天天還沒亮，大人們又拿著火把到山上工作，天黑了才回家。Yavai 說，勤勞是鄒族的文化特質，在部落裡如果天亮了才工作，而天還未黑就回家休息的人，是會被大家笑懶惰的。

　　Yavai 小時候經歷過禁止說方言的時代，由於他父親是日治時期的保安警察，因此國小一年級以前，全家人都是以日文溝通。鄒語則是在部落中與鄰居或親戚相處時才會聽到的另一種語言。Yavai 的長輩緣很好，附近鄰居的老人都很喜歡找他聊天，老人家們喜歡互開玩笑，在一搭一唱的過程中，Yavai 也融入其中，成為學習族語的最佳機會。長大後，Yavai 開始在教會中接觸到其他原住民，由於許多場合都會以族語交談，因此 Yavai 的族語能力也逐漸累積。

都會謀生

　　Yavai 退伍後開始要負擔家計，於是他離開部落到臺中一家化工公司做業務工作，時常跑雲林縣、嘉義縣，但由於當時不黯閩南語，國語也不大流利，工作時又必須向人推銷產品，語言的隔閡令他十分吃力，因此做了三個月以後就請辭，重新回到部落務農。後來，Yavai 有機會到高雄鋼鐵公司打工，由於工作十分粗重，一個月後也離職了，再度回到家鄉耕田。由於收入很不穩定，Yavai 向自己承諾，婚前一定要有一份穩定的工作，於是再度回到臺北三重找工作，最後才輾轉到了大同公司，一待就是十幾年。

Yavai 參加教師協會旅遊晚會

在大同公司時，Yavai 能力受到上級肯定，從基層員工慢慢做到產銷管理員，但隨著孩子的出生，家庭開銷漸大以後，公司的薪水已無法持家，Yavai 轉職到欣欣客運，擔任公車司機，也曾在堂哥所開的膠帶工廠任職。這個屬於 Yavai 的工作故事，多多少少都有都會原住民的影子。族人面對現實生活的難題，紛紛離開部落到都會謀生，鋪衍出為了求發展生存，而不得不離開原鄉部落，來到大社會謀生的艱辛與不易。

族語教學

Yavai 一開始並無考族語教師的規劃，因受到同為鄒族的浦正昌老師的鼓勵，他參加了第二屆的族語認證考試。在考試前三天，Yavai 才拿到考試的參考資料，發現全都是用英文拼寫的羅馬拼音，但當時的他不是很理解，只好硬著頭皮苦讀苦記，最後如願以償，順利通過考試。

通過族語認證以後，浦正昌老師介紹他到臺北市語言巢擔任助理教師的工作，但當時 Yavai 自認為還沒有準備好，因而婉拒了。後來桃園某中學的族

語老師要請長假，正好缺代課老師，Yavai 決定試試看，就這樣開始了他的族語教學工作。目前 Yavai 教的是北鄒語，在臺北市萬華區、中山區以士林區都設有語言巢。

族語會話課

Yavai 認為語言其實就是生活，如果生活中沒有機會使用，就算學了族語也會忘記。Yavai 舉了一個教學案例，他曾經教過三個姐妹，每個禮拜六上課，從下午一點到三點，三姐妹學了一年以後，兩個比較大的姐姐通過升學認證考試就沒有繼續上課了，只剩下最小的妹妹繼續學習。妹妹的學習能力很強，但是因為回到家沒有人跟她練習對話，所以教過的課程很快就忘記了。Yavai 表示，雖然學生的爸爸是鄒族，但是在家裡不會對孩子說鄒語，有時候 Yavai 遇到他們的父親時，會用鄒語與他閒聊，但那位爸爸都是用國語應答。Yavai 認為，學習族語，第一要能常講，記憶就會深刻，如果有阿公阿嬤在的話，也要盡量跟孩子講族語，就算孩子聽不懂，不知道怎麼回答，還是要用族語，再慢慢向孩子解釋。所以不只是族語老師要用心教學，家長的態度也很重要，如果在家裡父母能創造說族語的環境，才能有助於孩子族語的學習。

Yavai 與學生

　　Yavai 提到族語教學的現況，由於升學加分制度與族語認證結合的結果，導致有些學生與家長對於學習族語的態度是比較功利的。Yavai 感慨地說，他教過的學生很多都是為了考試才學族語，考前死背課文、硬背歌曲，學了也不知道怎麼應用，考完試以後就忘記了。學生、家長的心態就是為了考試來學習，考完試了就不來上課，甚至有些家長要求老師開族語速成班，這些教學現場的狀況都令 Yavai 相當無奈，更多對族語傳承工作感到憂心。

　　不過，這些都不足以影響 Yavai 的教學熱忱，他反而更積極地思考如何讓自己的教學更有趣。Yavai 提到，都會區的學生要學習族語，多半都是利用午休或早自習的時間，因為不是正規的課程，學生心態上難免比較散漫。他為了提升學生學習的動機，上課的地點不一定會在教室，有時會帶著學生到公園，看到公園裡的花、草、樹木、各種動物，Yavai 都會一一用族語教給學生，由於課本上的東西比較制式、死板，到了戶外接觸了自然萬物，學生學起來也會覺得比較有趣。

Yavai 與學生

此外，Yavai 認為目前的族語課本無法完全符合學生的學習程度，例如，低年級的課程內容太難，它應該要先從字彙開始，而不是句型，但現在的課本，一開始就是直接教句型，對於年紀小的學生來說是很困難的。而高年級的課本，句型的變化又太少，而且實際能用到的句型也不多，反而不是很實用。於是 Yavai 開始著手自己設計課外補充教材，先將最基礎的字彙慢慢整理起來，像是「早安」、「吃過飯沒？」類似這樣生活化的用語，Yavai 常常在教學過程中另做補充，以提升孩子族語詞彙與對話應用能力。

族語教學工作的展望

Yavai 表示，由於現在小學族語教學，上課的時間都是安排在正式課程之外，像是中午 12：30 到 1：30 之間，其他小朋友都在午休，上鄒語課的小朋友卻必須犧牲午休來上課，Yavai 非常不忍心。Yavai 說很多大臺北地區的族語教師們，都希望族語教學能夠編入正式課程時間，這樣學生可以有教室上課，有黑板可以寫板書，學生的學習也會比較專注。此外，Yavai 也認為，目前九階族語教材，因為沒有分年齡的關係，教材內容不能完全符合學生的學習程度，所以未來如果能夠進入正式課程規劃內容，或許教材的編寫也會比較完整。

族語會話課

Yavai 語言巢

　　Yavai 語重心長地說，族語是祖先代代相傳，族群唯一共通的語言，但隨著社會變遷，族語已漸漸被遺忘，使得原住民年輕人含糊了自己的身分，那是對祖先的不尊敬。Yavai 深感自己肩負重任，深怕鄒族文化一點一滴地流失，因此他常常要和時間賽跑，一有機會就會回阿里山老家，找老人家請教鄒族的

神話傳說、歷史故事。他表示現在一般人所說的族語都是屬於日常生活溝通的範疇，但是老人家還保留著過去比較古典優美的族語，而這個部份就要多請教老人家，盡可能挖掘出鄒族語言之美。

Yavai 和學生

　　毅力與努力是實現理想的橋樑，從 Yavai 身上，看到他對族語文化擁有期望，透過他的毅力與努力，發揮驅動力，堅持不懈為族語教育默默付出；如堅固磐石，面對風雨仍屹立不搖。Yavai 更期許自己的教學能為族人搭起原鄉的橋樑，與家鄉產生連結，一起挽回失落的族語與文化。

·

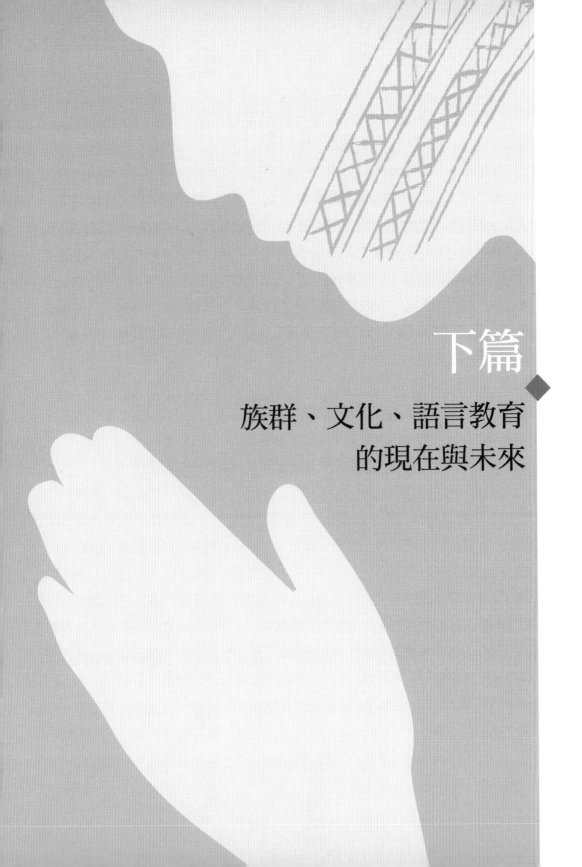

下篇

族群、文化、語言教育
的現在與未來

引言

　　政府近年來積極推動原住民族語教育政策，以維護及保存原住民語言及文化，族語教育的發展也因基層教師的推動而得落實。本文是作者在 2010 年至 2011 年針對族語教師所進行的研究成果，以 8 位族語老師的教學為主軸，透過文獻分析、訪談、觀察等研究方法，來瞭解族語教師之生命經驗與教學理念，進一步分析影響族語教育之因素，再統整出有效的族語教學策略。最後根據研究結果，提出族語教育發展之建議。綜合來說，本研究之具體研究目的如下：

一、探究都會地區實施族語教學之困境。

二、探討都會地區族語教學策略之內涵。

三、提供族語教師、族語師資培育機構及教育行政機關之參考。

　　基於上述研究目的，本研究採取個案研究法（Yin, 1994），資料蒐集方法為訪談、觀察與文件分析。首先，研究者與族語教師進行深度訪談，以瞭解族語教師教學經驗、教學理念及教學方法。研究者也請教師說明限制或支持其教學的因素，並對族語教學提供建議。其次，研究者對老師的教學歷程進行教學現場觀察，觀察內容包括教學流程、教學方法、與學生互動的情況、班級經營的方式等。研究者也蒐集與教師教學相關文件，包括學生族群背景資料、教學資源、學生作業、成果發表或相關活動影音照片，藉此分析教師在實施族語教學中的相關訊息，同時也能和觀察及訪談資料相互印證或補充檢核。最後，研究者透過跨個案分析（cross-case analysis），對所蒐集的資料進行交叉檢核，以綜合分析族語教師教學效能之共同性與差異性，以及影響其教學之因素。

　　特別需要說明的是，本研究以大臺北地區之族語教學為主，瞭解在都會區族語老師之教學困境與策略，因此研究結果的推論受限於都會地區，研究結果推論到其他地區應採審慎態度，不可過度概括化，以免造成不當的解釋與使用，不過這樣的研究結果仍可提供原住民傳統部落社區之族語教學參考與比對。另外，作者之專長在課程與教學研究，本身為漢人，對原住民族語言不甚熟悉，所以在族語教學中關係到語言學部份可能就無法作討論，使得族語教學議題分析可能有所疏漏。為彌補可能之研究盲點，作者努力研讀相關文獻，希望能夠藉此引發族群、文化、語言教育研究更多的理解與思考，以加強研究的深度。針對原住民語言之教學內容，作者也盡力向族語教師尋求中文解釋，相關研究分析也請族語教師進行審閱，以做資料之校正，使研究能不失偏頗。

第十四章　族語教學之綜合分析

本章依據相關文獻以及資料分析結果，將 8 位族語教師之教學進行整體性分析，主要的研究發現可分為 7 個面向來說明：族語教學信念與行動、家長溝通與參與、社區聯繫與關懷、文化為學習內涵、活化教學之策略、專業素養與成長、教學支援與保障。

第一節　教學信念與行動

信念是指一個人對自身所相信之事的確據，並引導自己行動之傾向（Brown & Cooney, 1982；高強華，1993）。教師信念則是教師依據自己教學觀點與經驗的詮釋，引導其教學目標、計畫與行為，進而影響學生學習成果（Clark & Peterson, 1986; Stuart & Thurlow, 2000; Tatto, 1996）。教師信念的研究可以瞭解教師行動之意識，決定教師實踐理念與努力方向，幫助教師省思教學與激勵教師行動，進而有助於教師教學效能和專業行為的表現（李麗君，2006）。

國外研究教導少數民族優良教師發現，這些教師持有的信念為：不論學生背景為何，每位學生都有能力學習，老師相信自己能改變並影響學生的學習。這些信念落實在教學上發現，老師對學生永遠保持高度期待及正面肯定。他們進一步蒐集學生背景知識，瞭解學生行為模式與學習型態，再根據這些資訊，

思考如何將學生的背景知識結合到課程與教學中，讓學生可以學習自己的文化內涵，同時提高自尊心和課業成就。這些老師也敏於覺察自己或學生之間的文化偏見，培養學生能尊重、接納與欣賞他人文化，以促進族群理解與適性發展的機會（Darling-Hammond et al., 2002; Ladson-Billings, 1994; Macdonald, 1995; Olsen & Mullen, 1990）。

國內研究部分，族語教師具有傳承族群文化之信念，也期許自己的教學，能讓學生對族群語言與文化產生認同。因此，研究中的老師能不斷充實族語教學知能，並耐心指導學生學習族語。例如，有些族語老師體認到自己對於族語語言結構以及相關文化知識上的不足，願意加入族語教學研究小組，針對族語教學問題進行經驗分享和討論，同時持續蒐集族語教學相關資料和請教資深族語教學工作者，期待增進自己在族語教學上的專業知能（林志光，2003；胡小明，2006）。

本研究與國內研究結果相似，族語教師教學信念影響族語教學行動。這 8 位族語教師的教學信念，來自於自身的學習經驗與族群文化發展現況的省思。這 8 位族語教師從小出生於部落，成長過程中常有機會體驗部落文化，也很容易能感受部落的氛圍，雖然經歷過語言同化時代，但因為小時候紮實基礎或是仍有機會與族人用族語溝通，所以族語還不至於流失。族語教師觀察，現今的學生在都市裡成長，長期受到主流文化影響，對傳統文化感到陌生，再加上升學壓力大，學習族語的目的只為考試能多加 35%，一旦通過族語考試就不再接觸族語，族語老師對此現象深感憂慮。

Masako 老師提到，現在年輕一輩的族人比較缺乏文化流失的危機感，但身為原住民族人應該將文化傳承視為己任，不能一味地歸咎於生活壓力而無所作為。因此 Masako 呼籲族語教師，藉由族語學習的契機，把自己的學生當作未來種子，鼓起學生對族語的認同感，做好基礎培育工作，否則世代之間的斷

層只會越加劇烈。

　　基於族語傳承信念，族語老師們犧牲自己的時間與金錢，全力投入族語文化挽救工作。例如，Avay 老師原本在外交部工作，為了讓族語新聞中有自己族群語言，決定接下鄒語主播一務。Avay 還擔任「旅北鄒族」會長及族語教師協會理事長，全力推動族語和文化，即便許多工作都是無給職，仍因傳承的使命感，全力付出與投入。

　　文化傳承的信念落實在族語教學行動方面，這 8 位族語老師強調，族語教學的首要工作即在培養學生對於原住民文化的認同感，然而，族語老師指出認同的建立不是一蹴可幾，必需經由教育者逐漸引導與教導。例如，Nikar 老師透過在課堂中不斷提醒族群的重要性，讓孩子們先能認識自己，以身為原住民為榮。他在課堂裡常向學生說，人不能改變自己的出身，是原住民族就應該擁抱自己的族群，不能忘記自己是誰，不僅以身為原住民為榮，也要讓人認識與欽佩原住民族，這樣活出美好的自我是原住民族要學習的。Ljemingas 老師也認為，學生必須先肯定自己族群身分之後才能對文化有所認同，因此 Ljemingas 經常在班上向學生說：「我們在主流社會，不要把自己弄得很卑微，好像比主流社會矮一層。」老師強調：「自我認同是開始族語課程時一定要上的課。」

> 我一上課，就會問學生，你們是哪裡人？有的學生剛開始會說我是臺北人，我們不能怪他，他在臺北生長，所以不認識自己原住民的身分。我覺得認識自己很重要，認識自己才能認同他的語言。

　　Ljemingas 老師表示很多學生沒有接觸過部落文化，所以對自我族群身分

不瞭解，因此除了引導學生認識自己的族群，Ljemingas 會在課堂中介紹原住民文化，培養學生具備文化知能。老師也在課堂中傳達族語傳承的重要性，很多學生被老師的熱忱感動，因而願意學習族語，這樣的結果讓 Ljemingas 感受到工作的意義，「我覺得這樣走過之後，我跟孩子一起成長是非常快樂的事情，我知道這是上帝給我的工作。」

Legeane 老師覺得原住民普遍缺乏族群文化流失之危機意識，而政府為振興族語，採用考試方式吸引原住民學生學習族語，Legeane 認為「這是非常不好的手段」，因為考試沒有辦法讓學生產生認同感。Legeane 投入相當多的時間、精力在族語教學，堅持為族群文化努力。Legeane 說：「我對族語很有使命感，因為我們的語言，真的是碰到危機，我們的族語需要有人站起來付出心力。」

Legeane 老師將這樣的理念落實在教學行動，每一節上課時，Legeane 會讓學生用族語自我介紹，除了複習功能外，也讓學生能肯定自己的族名。老師也設計魯凱族隊呼與動作，讓學生在歡呼聲中提升族群士氣。Legeane 在課堂中也會引導學生思考文化傳承的重要性，並建立學習族語的願景。

> 在學習族語的態度上，我認為要先建立學生一些觀念。以前他們可能會覺得講族語很丟臉，但我跟他們說你會講國語、英語、臺語，還會講族語，是很棒的事，以後也可以去原民臺當主播。我給他們一個希望在那裡，而且我告訴學生，未來要靠他們教以後的小朋友族語，培養自己當老師的能力，給學生一個使命感，讓他們有學習族語的願景。

Masako 老師也使用引導的方式，她常和學生說，多學一種語言可以多增

加一種能力，而且她也以自己為例，雖然她只有二分之一的原住民族血統，但仍通過了族語考試，勉勵學生族語一點都不難，激勵學生只要有心學，沒有難成的事。Sukudi 老師發現都會地區的原住民孩子較少與部落接觸，所以對原住民文化非常陌生，因此 Sukudi 在教學過程中，常常向學生說明卑南族群文化的獨特性，讓學生能瞭解自己族群過去事蹟，體驗到文化的珍貴，同時讓文化對自我產生意義的連結，學生才能有歸屬感。

> 我曾編劇本，以一對夫妻來到都會區，為了生活將孩子交給安親班與學校，等到孩子很多問題的時候，父母親開始擔心。家長也開始瞭解，孩子來都會區，在學校不受到重視，被同學排擠，甚至變成邊緣人、缺乏自信心等問題。之後父母親決定把孩子帶到部落，接受訓練以肯定自己。我用這樣的劇情方式來處理，我要讓學生去瞭解，能夠想想自己的位置，認同自己及思考必須努力的方向。

　　除了傳統文化的教導，Sukudi 老師也特別關注到都會原住民學生的需要，透過話劇演出學生較能共鳴的議題，帶領學生思考族群在主流社會所遭遇的不公平待遇，讓學生瞭解自我成長過程中所受到的排擠，進一步思考可採取的行動，以提升族群文化的認同感。簡言之，這一群族語教師體認族群語言與文化認同已呈現日益衰落的狀態，他們以搶救文化資產，以族群的語言維護為使命，希望學生在學習族語之後，族群文化認同能滋生萌芽，同時找到自己在社會中的定位與未來方向。

第二節　家長溝通與參與

在家庭部分，父母是孩子學習族語的重要他人，父母對族語的期望與態度，會影響到孩子對於學習族語的認同（王明柔，2010；張學謙，2011）。由於受到國家同化政策影響，許多原住民父母已不會說族語，家庭多以國語溝通為主，無法形成學習母語的自然情境。許多原住民父母也不認同族語，寧可孩子學習主流語言，如國語、英語或閩南語，以提升孩子未來競爭力。有些父母認為母語教學可能影響學業成就，因此質疑母語教學的施行。很多原住民學生甚至認為，原住民不一定要會講族語，也是造成族語快速流失的因素之一（張善楠，1998；黃志偉，2002；劉唯玉等人，2003；譚光鼎，1998）。

本研究中的 8 位族語老師均指出，家長的態度是學生族語學習的關鍵，若家長展現積極配合與支持族語學習的態度，學生族語學習的效果也會倍增。但是族語老師發現，由於升學加分制度與族語認證結合的結果，導致有些學生與家長對於學習族語的態度是比較功利的。很多家長在快考試時才帶孩子來上族語課，以讓孩子有機會多加35%的分數，或是為了要獲得政府的補助。也有很多原住民家長認為學習族語是老師的責任，把語言巢當作安親班，學生的學習態度也相對消極。

不過，這些都不足以影響老師們的教學熱忱，他們反而更積極地思考如何帶領家長一起為族語教育努力。族語老師認為，母語教學要成功，必須更新家長的觀念，才能讓老師的教學事半功倍。Masako 老師提到，為傳遞家長正確的觀念，鼓勵家長陪孩子一起學習族語，每個月她都會辦親子教學日和家庭聚會，讓家長們彼此認識並凝聚起來，只要有家長願意改變配合，就有機會感動其他家長，如此族語教學才有可能成功。

Sukudi 老師表示因為同為原住民，家長較能接受她的想法與意見。基於

這樣的信賴關係，她會利用學校親師懇談機會，以原住民的立場跟家長溝通，鼓勵家長支持族語教學。Sukudi 表示，當家長觀念改變，願意支持族語教學，學生族語學習態度也會較積極。她舉一位同學為例：

> 有一位學生的媽媽是原住民，學生從萬華坐計程車專程來上課，上完課再坐計程車回家，沒有幾個家長可以這麼做的。家長也很配合老師的教學，對於讓孩子去參加族語演講比賽，配合度都很高。孩子也滿用心積極的，那種學習態度實在讓人家佩服。媽媽也很積極，也會配合跟孩子用族語對談，我認為媽媽的態度和支持是滿重要的，尤其在都會地區。

Legeane 老師覺得族語學習「最大的支撐力就是家庭」，因此每學期開始她會花很多時間與父母溝通，讓家長知道她的原則，「家長的認同與陪伴才是學生成功的關鍵。」Legeane 會要求家長陪孩子一起學習族語，有家長的陪伴，不僅能增加孩子的自信心，更能促進彼此族語的成長。除了觀念溝通，Legeane 老師也積極讓家長參與族語教學與表演活動，許多家長透過參與的過程，開始與孩子同步學習族語。此外，Legeane 鼓勵家長能在家裡練習用族語和孩子對話，即使是「一半國語一半族語都好」，也可以幫助孩子複習所教過的單字，有助於孩子對於族語的融會貫通，而全家一起參與原住民活動，更可以培養孩子對於原住民文化的向心力。

> 剛開始語言巢初階班的時候，我會給家長比較多功課，讓家長配合老師來指導孩子，看孩子講得對不對，發音標不標準……，我會希望家長配合，如果孩子一直都跟不上時，我會跟家長說，如

　　　　果在家沒有跟孩子互動的話，就會發現孩子不會講，所以我都會
　　　　問家長願不願意幫孩子的忙，讓他比較敢講。

　　除了語言巢外，Legeane 老師在部落大學有開設原住民編織手工藝課程，
因來參與的是原住民家長，Legeane 會在課程中融入原住民相關文化和語言，
引導家長建立族語與文化觀念。Legeane 表示，家長上過部落大學課程後，想
法就慢慢有了轉變，也願意參與原住民相關活動。家長的支持也影響到孩子的
認同，學生也比較願意接受傳統文化的教導。例如，以前學生不太願意穿傳統
服飾，但現在家長與學生都願意請部落裡的人訂做屬於自己的原住民服飾。
Legeane 覺得，「家長與學生對魯凱族文化比較有認同，改變很多，這是我覺
得很有成就感的地方。」

　　Ljemingas 老師為了贏得家長信任，親自訪視學生家長，與家長溝通她的
教育理念，家長感受到 Ljemingas 的誠懇，因而願意支持族語教學。與家長建
立起關係後，Ljemingas 進一步推行親子共學制度。

　　　　我覺得家長很重要，家長一定要帶入到教學，先教育家長，要不
　　　　然家長會有一個錯誤的認知，他認為講錯講好都是老師的問題。
　　　　我的經營模式是組織一個家長會，開學前告訴他們，你的孩子在
　　　　我們這裡上課，我希望父母也要來上課。我的語言巢都是親子共
　　　　學。

　　親子共學的方式讓家庭成員有共同學習的習慣，不僅可以建立正面的互
動關係，同時能塑造積極的族語學習氛圍。例如，Avay 老師常舉辦族語演講、
話劇比賽，以家庭為單位，全家人一起來用族語演話劇活動，促進家庭更多地

投入族語教育。Amoy 老師則要求學生回家必須和家人練習用族語溝通，也利用孩子參加族語朗讀比賽的機會，鼓勵家中長輩教導族語，提升親師生參與的成就感。

此外，隨著族語學習人口的增加，族語師資的需求迫切，但目前有意願有能力擔任族語教學者仍然有限，必須盡速培養語言教學尖兵。Ljemingas 老師表示，親子共學制度也產生另一效益，利用家長的資源，將家長列入語言巢的培育對象，提升家長族語能力，開放家長參與教學的機會，除了可補足教師專長的不足，減輕教師的教學負擔外，更可培養家長成為未來族語教學的種子教師，接續擔任族語教師，讓族語教學能生根發展。

第三節　社區聯繫與關懷

隨著臺灣社會變遷與經濟發展，山地傳統的農作、狩獵或捕魚的生計方式，已不足以供給生活所需，所以許多山地原住民遠離家鄉，大量移往都市謀生，形成所謂的都市原住民。這群從原鄉遷往都市的原住民，由於文化上的差異、語言的隔閡、人力素質的相對弱勢，加諸主流社會的歧視與差別待遇，造成都市原住民適應困難的問題（傅仰止，1985；蘇羿如，2007）。為了生存必須學習主流社會的語言文化，在都市生活環境中也難以形成可以用族語溝通的社群，導致族群語言文化也逐漸地流失（Yen, 2008；張如慧，2002）。都市原住民遠離部落群族文化，在族語環境缺乏的情況下，學生學習族語意願難以提昇，使得族語教育的實施加倍困難（林志光，2003；廖傑隆，2008；劉唯玉等人，2003）。

8 位族語教師的生命經驗分享中，顯出都會原住民的影子，為現實生活的難題，離開部落到都會謀生，鋪衍出為了求發展生存，而不得不離開原鄉部

落。來到大社會謀生的艱辛與不易，加上離散失落的感受，加深對家鄉情感的依戀，因此，能有和原鄉同胞保持聯繫的生活圈就成為族人樂於群聚之地。例如，Amoy 老師在部落大學開設族語課程，許多族人來上課可以認識其他的族人，只要聚攏在一起就很快樂。Amoy 認為在都會的原住民族還能夠有部落大學作為學習據點，這是在都會生存工作的族人難得的幸福。

語言巢也是族人能群聚聯絡感情與學習族語的環境，教師努力建立充滿關懷與信任的關係，不只是教導學生學習族語，也注重彼此間的情感交流。因為很多原住民學生在一般的學校常有適應不良的現象，有些是家庭或教育條件不利，造成低學業成就、低自我概念或遭受歧視，甚至進一步產生行為偏差或中輟問題（譚光鼎，2002）。這些學習經歷 8 位老師特別感同身受，因為當年從部落離開家鄉到都市求學，開始遭遇被歧視的經驗，造成對族群認同的障礙，為了不再讓下一代經歷同樣的遺憾，這些老師們努力要讓孩子們認識自己，以身為原住民為榮。

Legeane 老師就指出，魯凱族的社會是比較封閉的，族人離開原鄉來到都會地區，易與主流社會產生隔閡。Legeane 會主動詢問學生適應情況，瞭解許多學生在學校因為成績、外表問題而產生自我封閉的現象，無法自我肯定。面對學生的問題，Legeane 認為族語老師可以是學生的朋友，給予學生深切的關懷與鼓勵。她將語言巢經營成部落環境，每一位學生來到她的課室，如同回到自己魯凱族部落一樣，有家人般的情感支持與紓解情緒的管道，不僅能獲得面對問題的能量，也能凝聚每一個孩子對族群的向心力。

> 我在語言巢不只是教族語，也有情感上的支持。我看到學生們心靈的問題，是家長可能看不到的，在都會地區會讓他們比較壓抑，覺得在學校被孤立。但我常跟學生說，不要因為自己的膚色

或外表把自己限制起來，來到語言巢，我是他們的朋友，在這邊你可以吐槽，你也開心唱歌，但回去學校要能解決問題，不要只是會抱怨。學生願意跟我說他們的需要，因為我給孩子一個空間，所以我的語言巢會比較著重在心靈層面適應度的問題。

因為 Legeane 老師的關懷，很多學生即使沒有政府的補助，仍會繼續來語言巢，因為對語言巢產生感情的連結，在巢裡找到自我認同與社會支持的力量，也因此他們願意繼續學習族語。Legeane 也鼓勵語言巢畢業的學生繼續回來參與原住民的活動與協助教學，不僅可以對語言有更深刻的瞭解，也能提升學生對文化的認同與共鳴。

關懷是促進學生學習的因素（Ladson-Billings, 1994; Macdonald, 1995）。Noddings（1992, 1995）主張「關懷」是發展學習者特質及增強學習意願最根本的基礎，比任何一種課程或教學模式都來得重要。Masako 老師提到現在社會有很多誘惑，孩子因為心智尚未成熟難免會迷失，這時就需要有人拉孩子一把，提供孩子精神與心理層面的關懷。Masako 描述自己就像一個鄰家阿嬤，和孩子聊天聽聽他們的學習與生活，用自己的人生經驗引導孩子，點亮一盞燈溫暖孩子，讓孩子走在有光的道路上。

Sukudi 老師教學過程中注重學生認同自己的族群文化，帶領學生尋回自己的根。有些學生在老師引導下，開啟回饋族群的心與行動。Sukudi 舉一位學生為例，這位學生生長在都會地區，因母親是原住民，所以特別來學習族語。在 Sukudi 教導下，這位學生認真地學習，不僅可以和原住民母親溝通，回部落時也可以跟耆老做簡單的會話。因著 Sukudi 的課程，重新與部落產生連結，也對部落產生回饋的使命感。除了幫助部落募款，圓部落孩子的夢，這位學生也曾親自載二手電腦到部落去贈送給族人，這種付出的精神相當令人敬佩。對

Sukudi 來說，因為族語教育讓都會地區的學生重新與部落產生感情，也瞭解對族群文化的使命感與責任，這是 Sukudi 教族語最大的成就。

第四節　文化為學習內涵

原住民族在同化政策和升學優待制度的導引下，使學生學習主流文化教育，導致原住民學生對自己傳統文化與語言缺乏了瞭解，不利於原住民族文化發展（蔣嘉媛，1997；譚光鼎，2002）。因此族語教學的目的除了族語溝通能力的培養外，最重要的是希望學生能具備文化素養。教師課程設計應以族群文化知識技能為素材，讓學生瞭解族群文化的精髓與內涵，以提升其族群文化認同，並能維護傳統文化資產（Kanu, 2002；胡小明，2006；浦忠成，2002；陳枝烈，1997；楊孝濚，1998）。

原住民社區部落富涵族群文化資源，對學生的族語學習也具有潛移默化的影響（郭玉婷，2001；黃志偉，2002）。然而，都會地區取得傳統文化資源不易，學生較無法在真實的文化脈絡中學習。老師們也因離開部落多年，離母體文化逐漸遙遠，因此族語老師們均熱切地回到部落尋求文化資源，彌補自身文化脫節的空白。老師們珍視耆老的智慧與經驗，完整記錄與蒐集歌謠舞蹈、祭典文化、歷史故事、傳說神話、衣飾文物、山村狩獵、民族植物等，並將部落裡的生活、服飾文化之實體做成照片與圖片，在課堂中介紹給學生認識，並且教導正確的族語念法與文化意涵，同時培養學生尊重與欣賞自己的祖先智慧。

Yavai 老師認為族語文化的遺忘，使得原住民年輕人含糊了自己的身分，那是對祖先的不尊。Yavai 深感自己肩負重任，深怕鄒族文化一點一滴地流失，因此他常常要和時間賽跑，找老人家請教鄒族的神話歷史，盡可能挖掘出鄒族

的語言之美。Avay 老師對於族語傳承的使命，源自於他對自我族群的愛護與認同。雖然他在都會區工作，他常回部落請益耆老或參加祭典，因為長輩與祭典最能代表鄒族文化的精神。Masako 老師多年來勤於部落蒐集資源，累積了不少幻燈片與聲音影像，成為她教學的養分與創意。

Nikar 老師認為上族語課一定要讓孩子瞭解背後的文化意義，才能達到族語學習的目的。Ljemingas 老師在課堂中問學生排灣族的寶貝，當學生依次回答時，老師就拿出自製陶壺、琉璃珠、青銅刀、刺球、石板屋等圖卡放在白板上並帶領學生族語念法，同時介紹這些文化產業的來源與在祭典之用途。Legeane 老師在課堂中也會展示部落裡的實物，配合單字與生活會話教學，讓學生有具體的理解，而非抽象的想像。除了實體物質外，Legeane 也會帶部落照片來讓學生瞭解部落傳統文化。Legeane 通常在每一張照片說明後，會帶領學生一起用族語將照片中的文物念一遍，若發現學生念得不清楚或是容易混淆之處，老師會再特別予以教導，讓學生能分辨語音輕重與捲舌地方。最後，老師會透過抽問方式，再度檢視學生能否連結單字與文化意義。當學生答對時，老師會給予肯定與鼓勵。

Ljemingas 老師每年寒暑假均會帶領教師、家長、學生參與新北市舉辦的福山國小族語魔法學院營隊，該營位於新北市烏來區，教學地點從都市拉到了部落自然環境中，讓居住在大臺北地區原住民孩子，不用到花東或其他偏鄉，也能體驗部落文化情境。該營隊課程內容包括歷史文化、傳說故事、傳統植物、部落地圖繪製、原樣手工藝、山海技能獵人體驗、智慧童玩製作、傳說戲劇課程與歌謠教唱等。營隊以浸潤式族語生活課程學習方式，透過族語教師全族語教學互動，幫助學生在生活中運用族語，讓學生從營隊中肯定自己、認同原住民文化，點燃學習族語的火苗。

除了傳統文化外，Legeane 老師也常在課堂中介紹其他族群文化，讓學生

瞭解「我們原住民同胞都是一家人。」同樣的做法也發現在 Sukudi 老師的課堂裡，Sukudi 的學生皆來自不同族群，她會考量學生族群背景的多元性來調整課程內容，包含各個族群特色文化、祭典活動、服飾等，以啟發學生更廣的視野與想法。除了提供多元文化的教學內容外，Sukudi 認為傳統文化與現代文化應能互相結合，激發出更多創意花火，帶領傳統文化的更新與發展。

> 我們的傳統文化，除了在部落生長時所體驗到的之外，很少更新與創新，大家都還保有那樣的傳統，我不知道是喜是憂。傳統文化不是不好，我很希望有新的元素進到裡面。因為很多孩子都已經離開部落到外面去打拼，當他回到部落以後，我希望他能夠用新的元素跟我們原有傳統文化作一個結合，我覺得二者不衝突。但是很多部落的人滿堅持傳統就一定要怎樣，祭典傳統是很神聖的，但是現在想要大家認識原住民文化，還是用那種方式來呈現，外面的人看一次、兩次就不會再來，因為沒有新鮮感，會感覺這是古時候的，跟現代的生活沒有關連。

　　Sukudi 老師認為傳統文化課程著重古老文化風情，這樣的教學內容與學生現代生活經驗脫節，學生面對文本中所出現特殊語彙、文化習俗，覺得抽象陌生，無法與生活產生聯想，因此較無法提升學習動機。因此老師會自編教材，讓學生從切身的生活經驗中，區辨部落傳統與一般文化之差異，進一步引發學生討論與思考。Sukudi 發現，當傳統文化加入現代文化新的元素後，學生更容易接受傳統文化，學習與參與文化的動機也會提升。

我會按照節慶，比如中秋節、過年，讓學生比較我們自己部落的
過年和一般人的過年有什麼不同，有什麼應景的食物和活動，也
做一番討論，讓他知道這些是什麼東西，而且可以用族語來說。
也許傳統是很重要的，但是如果沒有現代的元素穿插在一起的
話，對孩子來說傳統是陌生的，教師應該以學生的現代生活跟部
落做一個結合比對，甚至創新都來得更好。當新的文化加入傳統
文化之後，年輕人的動機會更強烈。

Amoy 老師也有感而發，她認為原住民族文化深具豐富、魅力特色，是可
以走出國際彰顯獨特臺灣風采。她鼓勵族人努力學習族語並開發原住民文化精
髓，提升原住民族文化藝術的精緻性。Nikar 老師和 Masako 老師在教學經驗
中都出現漢人學生來學習原住民族語，表示原住民的文化有吸引力，也能藉此
展現原住民豐厚的文化底蘊，轉化一般民眾對原住民文化的印象。因此，老師
們鼓勵族語教育普及化能成為社會努力的方向，創造人民對原住民文化參與機
會，使得原住民族文化更為有機地與居民發生連帶，提升國人對原住民族的認
同。

第五節　活化教學之策略

強烈的動機是學習的動力（Gardner & Lamber, 1972；吳信鳳、沈紅致譯，
2002）。若希望原住族語教學成功，引發學生學習族語的動機更是關鍵。然而，
相關文獻指出，原住民族分別來自不同語系方言，許多都市原住民學生往往只
是學校中的少數，師生來自不同族別，只能採取混齡方式開課，導致教學的困
難。族語課程規劃每週一節的時間，教學時數不足，學生無法深入學習。而有

些教師缺乏教學經驗與技巧，教法不夠活潑生動，也造成學生學習成效不彰及學習興趣低落之情形（林惠文，2004；張如慧，2002；黃美金，2009；廖傑隆，2008；劉唯玉等人，2003）。另外，配合原住民族升學優待辦法的修訂，原住民學生必需取得文化及語言能力證明，才能獲得升學 35% 優待加分。而考試的範圍為九階第一至三冊的教材內容，成為族語老師主要的教學內容，僵化族語的學習，更面臨學生考完試後不再學習族語的現實困境（高淑芳、周惠民、顏淑惠，2008；廖傑隆，2008）。

本研究中之族語老師從多年的教學經驗中也發現，家長因為族語加分政策而願意讓孩子來學習族語，應是族語教學發展的契機，但卻易流於為考試而教學，教學方法單調、呆板，無法引起學生學習興趣，造成很多學生考完試，就不再繼續學習族語。因此，如何點燃孩子學習的興趣是老師們教學中最重要的課題。

從族語老師課堂觀察中發現，多數老師先以族語和學生互動，再來說明上課內容，教學方式以講述為主，解釋教材的內容，一般是以雙語教學（國語及族語）進行，讓學生多聽一些族語，增進族語聽力學習。老師在教學過程中常使用練習法，由老師示範正確口語發音、嘴型，再讓學生練習、複習至精熟。最後以問答方式檢測學生的學習成效。然而，族語老師指出，族語教學如果只有使用練習教學法，無法引起學生學習興趣，因此族語老師均會變換不同教學方法與活動，特別是採取藝術教育中的音樂、美術、戲劇、舞蹈融入族語課程，來維持學生學習動機。例如，Masako 老師對於年紀較小的孩子，她會善用圖卡教學，只要學生敢於開口說，就可以拿圖片回去彩繪著色。Amoy 老師充分發揮她歌唱實力，將教學內容串在一首歌裡，學生藉由反覆練唱，逐漸能熟記字彙。她也會將舞蹈動作與自編歌曲納入教材裡，讓學生學習族語充滿樂趣。

Legeane 老師教族語單字時會先說明這個單字背後的文化意義，接著老師

會帶領學生唱與單字有關的族語歌，並說明歌曲意義。此外，Legeane 發現學生對神話故事與戲劇很有興趣，她就把神話寫成劇本，作為學生演戲教材。學生從劇本中學習到族語單字，也能透過角色扮演進行簡單族語對話。Legeane 也改變評量方式，從聽寫練習慢慢加入演戲評量方式，透過多元的動態評量方式，了解學生聽說能力，帶給學生一種自我肯定的開放舞臺，讓學生在評量裡得到正向回饋。Legeane 發現這樣的教學與評量方式，「孩子們都很喜歡。」

Ljemingas 老師課堂中也會用故事傳說結合戲劇進行教學，讓孩子透過演戲方式，從中瞭解文化傳說。Ljemingas 特別提出，「原住民的孩子對藝術是很有天分的，畫畫都充滿生命力」，因此在課堂中，Ljemingas 也會依照課程主題，讓學生進行繪畫活動。Ljemingas 課程也經常安排原住民歌曲與舞蹈教學，讓學生從歌曲內容中，學到族語動詞、形容詞、專有名詞。Ljemingas 發現透過音樂歌曲與舞蹈學習，孩子們都學得又快又有趣。

另外，Ljemingas 老師每年寒暑假參與之族語魔法學院營隊，該營隊課程統整了原住民歷史文化、語言、手工藝創作、音樂、舞蹈、戲劇與現代流行文化的結合等學習領域，課程豐富多樣，著重在生活中的族語運用。在族語老師的引導下，學生跟隨族語歌曲哼唱、跟著傳統舞蹈律動、用戲劇展現肢體。從營隊活動中處處可見孩子的笑容，快樂地跟著老師說族語，克服了說族語的恐懼，同時也培養孩子對傳統文化的興趣與信心。

Sukudi 老師相當重視學生學習動機，上課方式不是一味地講述而是採取多元教學方法，例如影片欣賞、故事閱讀、音樂歌曲教唱、舞蹈教學、彩繪與捏陶等方式，幫助學生理解課程內容。舉一堂課的例子來說明，Sukudi 希望學生能說出數字與動物族語，她先讓學生唱數字謠，複習數字說法，接著放卑南族蛇郎君影片，讓學生觀察影片中的動物。影片觀賞完，老師問學生一些問題，以複習族語單字，老師也解釋影片中的神話故事在族群文化中之涵義，並

進一步引導學生針對影片的內容進行思考，讓學生將影片中最有感受的情景畫出來。學生畫完後，老師請學生將作品放在黑板上，讓學生分享自己的畫作與影片感想。同學依抽籤順序發表作品，當學生發表完，老師請全班同學給予掌聲鼓勵。Sukudi 表示，透過多元方式進行教學與評量，除了增加學生學習族語的動機，更激發了學生創作能力，也能增進思辨與發表能力。因為課堂活潑多元，不僅課程吸引學生，也讓學生充滿自信地學習族語。

第六節　專業素養與成長

　　族語教育要能順利推動，教師素養是關鍵因素。唯有專業的族語師資，才能有效進行族語教學，達成族語教育的目標。教育部與行政院原住民族委員會安排通過族語言能力認證人士參加 36 小時專業培訓課程，現職原住民教師參加 72 小時師資培訓課程，以培育族語師資專業知能。這樣的師資培育教育體制設計，激起了許多會說族語的原住民加入教學行列，成為族語教育的生力軍。

　　相關文獻指出，政府規劃之師資培訓課程在實施的過程中產生許多問題，導致族語教學效能未能彰顯。通過認證的支援教師具有深厚的族語能力，但只經過 36 小時的短時間研習課程，教學者所需具備的專業能力，如教育概論、教育心理、課程設計、教學原理、班級經營等並未在課程之內。因此，教師的教學觀念、技術、教材設計能力較為欠缺，對學校生態環境、學生學習特性的瞭解也有限。再者，目前的師資培育課程雖然有納入教學觀摩與實習課程，但教師只是觀摩、試教，並未實際到現場教學，在缺乏專業知識與實務經驗的情況下，使得教師對其工作性質與可能遭遇的困難不甚清楚，一旦進入教學現場即產生許多瓶頸，諸如無法引起學生學習興趣、班級秩序無法掌控等，也造成

老師教學上的挫折與無力感（洪志彰，2006；陳勝榮，2002；黃美金，2009；劉唯玉等人，2003；謝佳雯，2003；簡秀如，2004）。

　　本研究之族語教師則反應，36小時的研習證書只是族語教學的一個起步，族語教師仍要不斷地學習，才能發揮教學效能。Nikar老師為了投入族語教學，陸續接觸了族語學習的研習與書籍，並自行至空中大學修讀了30個學分與教育相關的課程。Sukudi老師指出族語師資培訓課程較偏於理論性質，若能增加跨科跨領域教學觀摩、資訊科技輔助教學等實務性課程，對老師的教學更有幫助。因此，Sukudi常邀請優秀教師實際示範教學，讓老師們透過教學觀摩，從經驗交流中了解自我教學成效，同時也能萃取他人成功教學策略。

　　Masako老師則認為族語教師要多提升自編教材能力，多參與相關研習、與其他老師交換教材設計經驗、觀摩其他老師的教學範例，學習別人的優點讓自己的教學精益求精。Legeane老師也覺得教師經驗分享非常重要，透過語言巢能讓不同族的老師彼此認識交流，成為凝聚教師們的一股力量。Ljemingas老師努力培養教師團隊，透過老師參與族語魔法學院機會，整合族語教師力量，讓大家討論切磋教學方法，促進教學成長。

　　教學要持續改進與發展，除了教師的進修與合作外，族語老師們認為應建立族語教師輔導制度，讓族語教師的表現，有被檢討與回饋機會。臺北市訂有語言巢教學評鑑訪視，Sukudi老師是輔導團族語教學訪視委員，她發現在訪視過程中教學問題，卻缺乏給予教師回饋的機制。

　　　我有參加市政府舉辦的族語教學訪視，從訪視過程當中，會看到老師的良莠不齊，但行政單位部門只做訪視，沒有積極的配套修正措施，我覺得後續工作沒有延續下去。所以我建議應該要有一個機制，當我們在老師的教學當中發現問題時，可以提供老師相

關建議，老師可以做自我的省思，以做專業的提升。

Sukudi 老師指出評鑑系統必需配搭教學輔導系統，以促進族語教師教學改進，建議政府要有積極配套措施，從評鑑制度到族語教師輔導，建立完整教師評鑑體系，讓教師能省思教學問題，同時能瞭解族語教學成效，並給予族語教師適當的教學輔導。

第七節　教學支援與保障

家庭與社區族語教育功能日益消失的景況下，學校中的正式族語課程，成為學生學習族語的主要管道。國外有研究指出，當學校行政與教師重視族群文化，推動支持性政策與教學規畫，少數族裔學生較少出現失敗的學習表現（Artiles, 1996; Cummins, 1989）。當學校只重視主流語言和文化，忽視其他不同文化的議題，這樣的校園環境較無法讓學生具有多元文化視野（Dilworth & Brown, 2001; Partington, et al., 1999）。國內研究也指出，許多學校不重視族語教學，使得族語教師多得自己面對所遇到的問題，包括教材、教學設備與教學輔導的支援均甚為缺乏，使得族語教師多有孤立無援的感受(周惠民、顏淑惠、黃嘉琳，2009；林志光，2003)。

本研究中的族語教師們也指出，族語教學發展必須仰賴相關行政單位的支持。Sukudi 老師是學校裡的正式教師，教學資源不虞匱乏，學校校長也支持 Sukudi 所推動的原住民文化活動，讓 Sukudi 在教學發展方面有發揮的空間。其他族語教師多是學校兼任教師，他們表示很多學校不重視族語教學，沒有提供教學資源與專門學習課室，也難與學校人員產生互動。Legeane 老師說：

我感覺很像是外來人，因為那些課室設備，不是在角落地方，或者是教室很久沒用，有時在圖書館一角，或者在會議室，就是沒有專門的族語學習課室。老師不能佈置什麼，學習環境是冰冷的一角，也會影響到學生族語學習興趣。學校不太管你，跟學校很少互動，覺得去那邊跟學校一點關係都沒有。

Nikar 老師和 Yavai 老師也指出，許多族語教師上課時間在非正規的時間，小朋友必須犧牲午休來上課，上課的教室也常是在學校的邊疆荒涼地帶。希望族語教學能夠編入正式課程時間，這樣學生可以有正常的上課時間與教室，學生的學習也會比較專注。

另外，族語老師們指出，族語師資缺乏工作保障，薪資發放制度不完整，造成很多族語老師因為經濟考量而被迫離開。Legeane 老師說：

有老師們 2-3 個月才發放薪資，你想他們怎麼生活？他們不得不去找別的工作，因此就沒有辦法專心做族語教師，畢竟每個人都有生活上需要，至少每個月都要有基本薪資，只要有穩定收入，我相信我們會有心經營。

Ljemingas 老師也表示族語老師有使命感願意留下，但是必須兼許多課才可以負擔經濟壓力。族語老師還要懂得行銷自己、毛遂自薦，也因此認真的族語老師很辛苦，必須在各個學校奔波。

目前族語老師很辛苦，以每節 320 元計算，要養家活口實在很難，我們得跑校、跨校，我知道有一個布農族老師跑 18 個學校，

真得很辛苦。我們流失了很多老師，因為吃不飽。每個人都知道
我很辛苦，我就是要做下去，我很堅持，這是我最後的工作，我
很清楚，這是這輩子最後一份職業。

族語老師們指出，很多族語教師積極在第一線努力，但是力不從心，因
為沒有後盾，工作薪資沒有保障，造成族語教師的流失。族語教師們希望政府
能重視族語教師的問題，多深入基層傾聽老師們的心聲，瞭解他們的困境，積
極解決老師薪資制度的問題，保障族語教師的權益。

第十五章　結論與建議

本章以 8 位族語教師的教學研究為主軸，加上相關文獻探討之基礎，獲得主要的發現並作出結論，以了解我國當前族語教學的困境，並從族語教師教學分析中，歸納出因應策略。最後，本文針對研究結果，提出具體建議，希望能有助於解決目前族語教育所面臨的困境，提供族語教育未來發展之藍圖。

第一節　結論

本節以文獻探討為基礎，經族語教師訪談、教學觀察的過程，獲得以下主要的研究發現，以供族語教學與原住民族語教育相關研究之參考。

壹、族語教師面臨之困境

本結論主要歸納都會地區族語教師面臨之困境，包括家長與學生對族語教育之功利態度、都會區缺乏族語溝通環境與文化資源教材、課程與教學之實施困境、師資專業素養培訓不足、學校行政缺乏教學支援與族語教學缺乏工作保障等因素。

一、功利取向之族語學習態度

本研究結果顯示，教育部與行政院原住民族委員會要以「功利的箭」，

以加分當作誘因，鼓勵原住民學生學習族語，規定原住民籍的學生必取得語言文化證明，才能享受升學加分的優待。本研究之族語教師觀察，升學加分制度與族語認證結合的結果，導致有些家長與學生對於學習族語的態度確實是較為功利取向。有些家長讓孩子學習族語是為了多加 35% 之分數，也有家長把語言巢當作安親班或支取政府補助，學生學習族語態度相對消極，一旦通過族語考試就不再接觸族語，造成族語學習的斷層。

二、都會區缺乏族語溝通環境

本研究發現，在現代社會與經濟生活的衝擊下，原住民為了現實生活的難題，離開部落到都會謀生，為了生存必須學習主流社會的語言文化，在都市生活環境中也難以形成可以用族語溝通的社群，導致族群語言、文化也逐漸地流失。族語教師也觀察，原住民學生在都市裡成長，長期受到主流文化影響，對傳統文化感到陌生。許多原住民父母已不會說族語，無法形成學習母語的自然情境。在族語環境缺乏的情況下，學生學習族語意願難以提升，使得族語教育的實施加倍困難。

三、都會區缺乏文化資源教材

本研究發現，都會地區取得傳統文化資源不易，學生較無法在真實的文化脈絡中學習，相對地在都會區對教材教具等教學媒材資源的需求也較高。然而目前教材內容以現代生活對話為主，在語言使用或文化意涵之正確性及適用性因各族群的差異而有不同，且老師們也因離開部落多年，離母體文化逐漸遙遠，因此族語教師必須按照自己的族群特性或教學需求，回到部落進行田野調查，尋求文化資源，以自編教材與教具來幫助學生了解傳統文化。

四、課程與教學之實施困境

（一）族語課程規劃每週一節的時間，教學時數不足，學生無法深入學

　　習，不易達到課程綱要中的聽說讀寫之能力指標。

（二）原住民族分別來自不同語系方言，許多都市原住民學生往往只是
　　　學校中的少數，多數採取混齡方式授課，導致教學的困難。

（三）有些族語教師缺乏教學經驗與技巧，教法不夠活潑生動，造成學
　　　生學習興趣低落之情形。

（四）因應族語認證加分優待政策，認證考試範圍為九階教材內容，形
　　　成考試引導教學，僵化族語學習，不利族語之復振。

五、師資專業素養培訓不足

　　教育部與原民會對支援教師規劃 36 小時培訓課程，培訓時間過短，教學
專業素養與教學觀摩實習課程較為缺乏，造成教師的教學與教材設計能力較為
欠缺，對學校生態環境、學生學習特性的瞭解也有限。在專業知能與實務經驗
不足之下，導致族語教學效能未能彰顯。本研究之族語教師反應，族語師資培
訓課程較偏於理論性質，若能增加跨科、跨領域教學觀摩、資訊科技輔助教學
等實務性課程，對老師的教學更有幫助。

六、學校行政缺乏教學支援

　　本研究結果指出，族語教學發展必須仰賴相關行政單位的支持，但支援
教師並非學校正式編制內教師，很多學校對族語教學不重視，族語上課時間安
排在非正規的時間，學校也沒有提供教學資源與專門學習課室，使得族語教師
無法進行學習環境佈置，造成學生學習成效不佳。另外，族語教師多得自己面
對所遇到的問題，包括教材、教學設備與教學輔導的支援均甚為缺乏，也難與
學校人員產生互動，使得族語教師多有孤立無援的感受。

七、族語教學缺乏工作保障

　　本研究發現，族語教師願意到學校教學，是出自對族群文化的使命感，

然而族語師資缺乏工作保障，薪資以每節 320 元計算，實難養家餬口，再加上薪資發放制度不完整，造成很多族語老師因為經濟考量而離開。族語老師有使命感願意留下，但要在各個學校四處奔波，才能多有兼課機會。族語老師們指出，族語教學工作沒有後盾，生涯沒有保障，希望政府能重視族語教師的困境，保障族語教師工作的權益。

貳、族語教師之教學策略

　　國家提供族語教育發展之規劃，但從課程、師資、教學、教材、支援系統等層面來看，可發現族語教育在實施過程中，仍存在許多問題，包括學生族語學習環境、族語課程與教材、族語師資培訓、族語教師教學經驗等方面的缺乏，以致於學生學習族語意願低落。因此，如何提升族語教師教學能力及專業知能，以提高族語教學成效是目前族語教育之要務。

　　族語學習的成功與否，師資是極重要之關鍵。族語教師若能發揮教學效能，必能提升學生學習族語興趣。本研究參考相關文獻及 8 位老師的教學經驗，歸納統整出族語教學策略，以增進族語教學果效，分別為：（一）文化傳承教學信念與行動；（二）家長是族語學習的支撐力；（三）以關懷聯繫都會族人感情；（四）以文化為底蘊之族語學習；（五）以藝術活化族語教學；（六）致力於族語教學專業成長。

一、文化傳承教學信念與行動

　　本研究結果發現，族語教師觀察族人比較缺乏文化流失的危機感，因此決心要負起傳承文化語言的責任。這樣的使命感源自於對族群文化的支持與奉獻的力量。文化傳承的信念落實在族語教學行動方面，老師在教學過程中展現對族群文化之熱忱，傳達族語傳承的重要性，同時透過傳統文化的教導，讓學

生能了解自己族群文化的珍貴。另外，教師也透過角色扮演與議題的探討，帶領學生思考族群在主流社會所遭遇的不公平待遇，進一步思考可採取的行動，培養學生對於原住民文化的認同感。教師族語文化傳承的教學信念也成為其專業成長的動力，以持續學習與改進教學，是有效能族語教學的根本。

二、家長是族語學習的支撐力

本研究結果顯示，家長的態度是學生族語學習的關鍵，若家長認同與支持族語學習，學生學習的效果較佳。因此，族語教師與學生家長溝通教育理念，使家長了解族語教學價值，並透過親子教學日、家庭聚會或部落大學課程，和族人建立信任關係，凝聚家長力量，發揮支持族語教育之感染力，帶領家長一起為族語教育努力。族語教師也透過語言巢推行親子共學制度，強化語言生活化的互動，並透過舉辦族語朗讀、戲劇比賽，讓親子間形成正向學習氛圍，促進家庭更多地投入族語教育。另外，族語教師利用家長資源，開放讓家長參與教學的機會，提升家長族語能力，以培養家長成為未來族語教學的種子教師，讓族語教學能生根發展。

三、以關懷聯繫都會族人感情

本研究發現，族語教師瞭解族人來到大社會謀生的艱辛與不易，離開原鄉來到都會地區，易與主流社會產生隔閡，加上離散失落的感受，加深對家鄉情感的依戀，因此，能有和原鄉同胞保持聯繫的生活圈，就成為族人樂於群聚之地。本研究中的族語老師利用部落大學課程或語言巢，作為學習族語據點與都會族人聯絡感情之處，提供學生精神與心理層面的支持。因為老師的關懷，學生對語言巢產生感情的連結，在巢裡找到自我認同與社會支持的力量，也因此產生願意繼續學習族語的動力。

四、以文化為底蘊之族語學習

本研究結果顯示，族語學習除了族語溝通能力的培養外，應以族群文化的精髓為內涵，以提升學生族群文化認同，並能維護傳統文化資產。因此，族語老師們回到部落尋求文化資源，珍視耆老的智慧與經驗，在課堂中介紹給學生認識，使學生能具備文化素養。族語老師也帶領學生參與族語魔法學院營隊，體驗部落文化情境，並以浸潤式族語課程學習方式，幫助學生在生活中運用族語，點燃學習族語的熱情。除了部落文化的學習，族語教師也考量學生族群背景來調整課程內容，呈現不同族群之文化風采，進一步帶領學生思考文化差異性，啟發學生文化創意視野，擴張學生多元面向的文化觀點。

五、以藝術教育活化族語教學

本研究發現，族語老師通常使用練習教學法，幫助學生精熟族語聽說的能力，但較特別的是，老師們會考量學生藝術天分，採取藝術教育中的音樂、美術、戲劇、舞蹈融入族語課程。在族語老師的引導下，學生跟隨族語歌曲哼唱、跟著傳統舞蹈律動、用戲劇展現神話故事、用雙手創造原住民手工藝品。同時族語老師也配合多元的動態評量方式，讓學生在評量裡得到正向回饋。透過多元方式進行教學與評量，除了增加學生學習族語的動機，更激發學生創作能力，也能增進思辨與發表能力。因為課堂活潑多元，不僅課程吸引學生，也讓學生充滿自信地學習族語。

六、致力於族語教學專業成長

本研究之族語教師反應，36 小時的研習證書只是族語教學的一個起步，族語教師仍要不斷地學習，才能發揮教學效能。研究結果發現，族語教師主動參與校內外所舉辦的各項研習進修活動，並能積極不斷地自我進修，以充實族語教學知能與技巧。族語教師也透過教學觀摩與經驗分享，促進教學專業成長。除了教師的進修與合作外，族語老師們認為應建立族語教師輔導制度，讓

族語教師的表現，有被檢討與回饋機會，以促進教師教學改進，提升族語教學品質。

第二節　族語教育未來發展之建議

　　根據研究結果，本書共提出以下 8 個政策面與實務面之建議，以供族語教師、族語課程設計者、師資培育機構與相關行政單位參考，分別為：（一）建立語言學習支持網絡；（二）注重傳統語言文化薰陶；（三）創新族群語言文化教育；（四）藝術教育融入師資培育；（五）應用多元教學評量方式；（六）保障族語教師職涯發展；（七）促進族語教師專業成長；（八）全然委身族語教育工作。

壹、慈繩愛索：建立語言學習支持網絡

　　一個族群的凝聚力和團結是語言振興行動的先決條件（Fishman, 1991；黃東秋，2003；譚光鼎，1998）。由於整體社會的急速變遷，原住民為了遷移至都市就業就學，生活型態散居各地，已無法擁有像部落般的團結組織，漸漸失去說族語的環境。目前各族共同面臨的困境是，會說族語的是部落裡的老人，而住在城市裡的年輕人族語已無法精通。如何在家庭、學校、社區間建立共識，塑造族語學習的氛圍，是族語教師努力的目標。本書中的 8 位族語老師，背負著家長的期待與社會的關切，基於為族語保存盡一份心力的使命感，發揮族語老師的影響力，積極規劃族語振興行動，具體的實踐展現在原住民族語言學習組織的經營，提升學生族語學習能力與凝聚族群的向心力，增進族群情感與文化認同。

　　進而言之，族語老師配合政府語言巢教育政策，以重建部落文化為架構，

將語言巢經營成為族人學習社群，如同傳統部落的聚會所，不僅提供族人學習語言和文化之處，也讓族人有互動凝聚感情的地方。在都市場域裡，使原住民彼此交流互動，這對原住民族群意識有相當程度的影響。以紐西蘭毛利人為例，透過毛利人自發性的語言巢組織，以草根性力量建構語言學習網絡，引發毛利語言文化的復興（張學謙，2002）。建議未來擔任族語教育工作者，能重新定位自己的角色，不僅僅是教師，更是族群領導者，發揮語言巢影響力，形成原住民社交圈，凝聚原鄉同胞、家長與學生的心，讓族語在語言巢發揮社會互動的溝通功能，成為都市裡保障族群文化發展的沃土。

　　8位族語老師體認家長是孩子學習歷程上的重要他人，要讓孩子願意學習族語，先要強化家長對於族語的認同度。族語教師利用家訪或親職座談和家長建立信任關係，與家長溝通教學理念，分析族語失傳的嚴重性，使家長瞭解族語教學活動的價值，以尋求家長的支持。老師們也讓家長參與教學活動，要求家長陪孩子一起學習族語。親子共學實施結果，不僅塑造族語文化學習氛圍，更培育家長成為未來族語教學的種子教師。

　　從族語教師的經驗分享中也提醒從事族語教育工作必須先強化家長的認同度，當家長觀念改變了，較能有意願帶出行動。例如，毛利家長明白族群文化語言傳承的重要性，因此願意去學習毛利語，也能在家幫助孩子學習，積極協助語言巢的運作，展現對語言巢支持的行動（King, 2001; Tangaere, 1997）。透過族語教學參與，家長能自我成長，提升其對族群文化教育的信心，並願意與老師一起負起教導責任。教師不再是孤軍奮戰，家長成為老師最佳的教學夥伴，帶進更多的教學資源，同時增進家長族語教學能力，讓族語教育擁有發展的生機。

　　其次，8位族語老師在語言巢裡營造部落分享的氣氛，對學生付出關懷，瞭解學生在學校裡的適應問題，給予學生情感上的安慰和引導；同時，鼓勵語

言巢畢業學生繼續回來協助教學，如同部落般感情的連結，提升學生對族群文化的共鳴，學生也在語言巢中找到族群的歸屬感。如社會語言學家所說，社會支持是語言學習的最大動力，當學習者愈能正向認同學習的文化團體，語言學習的成功率就愈大（Gardner & Lamber, 1972）。建議從事族語教育工作者，在語言巢裡提供學生社會支持，當個人價值感被團體肯定與接納時，孩子較能對族群產生認同，也將影響學童學習族語意願。另建議族語教師能鼓勵畢業學子回巢或與大學院校合作，進行族語教育之服務學習，培養語言教學生氣勃勃之熱情尖兵，透過團體分享學習社群，凝聚青少年情感與向心力，帶動學弟妹學習族語的熱潮，形成正向激勵之族語學習網絡。

貳、恢復古道：注重傳統語言文化薰陶

　　族語除了是溝通的工具外，更是民族文化最主要的表現形式，因此族語教學目的不應侷限在生活會話，應該包括族群文化知識的傳承，以解決文化斷層的問題（尤哈尼‧伊斯卡卡夫特，2002；吳天泰，1998；鄭勝耀，1999）。許多研究指出，教師結合社區資源與在地素材，讓學生在文化脈絡中學習，學生較能掌握族群文化內涵，進一步提升族群文化認同（胡小明，2006；浦忠成，2002；陳枝烈，1997）。

　　8 位族語教師體認傳統文化如同古道，長久以來荒蕪，成為凋零沉寂的產業。這些教師知道，是回歸古道的時候了，因為藉著這些道路，族人才能尋找到回歸部落的路。因此，在教學歷程中，老師們均極重視文化的涵養與薰陶，極力將精選不朽的古老傳統再度興起，讓下一代明白與傳承族群的珍寶。然而，都會地區因文化資源缺乏，導致學生對傳統文化的陌生，為解決教學資源限制，老師們經常回到部落蒐集資料，向耆老請益與進行田野調查。族語老師也為耆老日漸凋零而存著與時間賽跑的壓力，每當回到部落學習時，他們的心

翻騰，極度渴慕希望能傳接著老們所有的智慧，只怕這些智慧隨著時光而流逝。回到教育職場，他們將所探究之部落典故歷史、生活文化、會話歌謠、傳統祭儀、神話故事等資料，轉化為課程內容，透過教學過程與環境佈置，忠實地呈現傳統文化的原汁原味，帶領學生翱翔在部落情境的豐富生活與歷史軌跡，希望學生能連結上自己的部落，承接上一代的經驗和智慧，並能被激勵認同自己的文化。

族語老師認為，因原住民族語系多樣，教材要兼顧各族群文化內容不易，目前的族語教材較偏向現代生活為主軸的學習內容，建議可以開發更多和族群文化相結合的教材，以減輕教師教學準備之負擔。建議課程設計者在現有教材的基礎上，盡可能主動瞭解族語教師之教學需求，教師手冊、學習手冊、輔助工具（教具、錄音帶、錄影帶、影音光碟或閃示卡）等平面及聲光教材，不足的予以補充，缺漏的予以修正，以滿足族語教師使用上之便利性。而目前行政院原住民族委員會也透過計畫補助族語語料編纂、圖解族語詞典及族語兒童繪本創作編譯出版，鼓勵部落或社區組織記錄完整的部落沿革歷史資料，建立原住民族文字符號的統一性與標準化的書寫系統，待編纂完成亦能提供族語教師與學習者進行族語教學之用（行政院原住民族委員會，2012b）。

語言學習數位化在資訊科技快速發展的推波助瀾下，已經是不可阻擋的趨勢。目前政府、學術單位、及教師均自行設計許多教學媒體與數位典藏資源可供族語教師使用，但是因缺乏統籌及使用知能，導致教師應用率不高。建議原住民族教育主管行政機關能建置數位學習平台系統，有效整合教學媒體網路資源，以利教學資源分享。另外，安排教師資訊知能研習，培育教師數位創新軟實力，掌握資訊科技來輔助教學。同時協助教師與學校或部落（社區）文教機構合作，將典藏文物資訊融入教學，達到知識加值創意學習的效果（林榮泰，2005）。也建議主管原住民教育、文化、媒體之單位（例如，行政院原住民族

委員會、財團法人原住民族文化事業基金會或原住民學術單位等），發揮大眾傳播媒體的影響力，製播各族群文化及族語會話節目、兒童節目、族語卡通動畫與部落生活實錄，以保存族語文化原始風貌，讓族人沉浸在族語的世界裡，使學習族語的空間無限寬廣。

參、迎接新局：創新族群語言文化教育

　　在族語脈絡迥異之下，教師的族語教學也勢必隨之調整，以配合學生與環境之差異特性。九年一貫課程綱要中即規定：「原住民語文教學應依據原住民語言文化的屬性、族群差異、居住地區等條件規劃彈性方式，積極營造貼近族群文化的族語學習環境，以自然輕鬆的方式學習族語。」（教育部，2003）。此規定充分說明族語教學具有文化性、族群性與區域性之特色，有效族語教學必須配合族群所在區域的特性做彈性調整，以設計符合不同區域原住民學生學習族語的需求（簡秀如，2004；顏淑惠，2008）。

　　都會地區是學習多元文化的豐富場域，族語教師是部落文化與都會文化、傳統文化與現代文化、學生族群文化的橋梁，能促進多元文化間的交流。族語教師如何在現代都市生活中，為傳統文化之傳承覓得出路，是需進一步思考的目標。Sukudi 老師的教學中發現，老師能依學生多元文化的背景，帶領學生認識自我族群文化與覺察文化間的差異，批判思考不同文化間的衝突，促進各族群間相互的接納與尊重。建議族語師資培育方案能培養未來從事族語教育工作者，具備多元文化教育素養，由語言文字的教學，提升到多元文化的理解。詳細來說，具備多元文化教學能力的教師能以學生所熟悉的生活經驗為出發點，讓學生從溝通分享中，增進彼我文化的瞭解，既不拋棄傳統文化，也不排拒現代或主流文化，使學生能對自己的族群語言文化產生光榮感，並能維持自身族群尊嚴（Banks & Banks, 2009; Garibaldi, 1992；陳美如，2000）。

　　多元文化族語教育的意義提供相互瞭解的機會，豐富彼此的語言文化內涵外，另一個更需關注的目標即是增進學生對土地的關懷（孫大川，2000）。建議族語教師能培養學生批判思考能力，反思個人偏狹意識，消除族群文化歧視偏見，並能透過議題討論，帶領學生探討原住民權利與社會公平正義問題，以增進學生對原住民族群人文土地的關懷。例如，近幾年部落環境開發爭議不斷，臺東縣美麗灣渡假村土地開發案，新竹縣尖石鄉反興建水庫案等爭議，教師可帶領學生了解事件本末，並透過批判思考，分析傳統領域流失問題，拒絕侵略土地開發，凝聚力量關心族群部落，一起承擔守護土地的責任。

　　除了帶領學生學習批判思考與關懷行動，建議族語老師能進一步引發學生創意思考能力，引領學生跳脫既有的思考模式，在各領域探索融合多元文化之可能性。例如：教學內容與現代生活接軌，加入現代年輕學生喜歡的旋律或舞蹈，以引起學生的學習興趣。鼓勵教師能帶領學生從長輩學習傳統文化技藝，傳承先民的智慧，也能從古老的文化角度與現今文化的觀點，思考如何讓傳統文化去蕪存菁或融合變通，萃取原住民族文化美學元素，為傳統文化注入更新的生命力，再創原住民文化新特色。此外，文化創意產業已成為國家發展重點，建議教師能引進優秀之原住民文化、跨域文化藝術，讓學生學習如何以以傳統文化為基礎，創新研發與設計應用於現代生活，呈現古今文化交融的獨特技藝，增添生活品味美學。同時激發學生原創實力，激盪出文化創意產業，讓臺灣珍貴原住民文化藝術嶄露頭角、躍上國際舞臺，成為部落永續發展的豐富資源。

肆、煉淨能力：藝術教育融入師資培育

　　族語教學的目的希望學生能在日常生活中實際運用族語，因此溝通式教學成為族語教師普遍運用之原則與方法。溝通式教學主要精神之一就是透過日

常生活中與人互動的情境，提供學生活用語言的機會，以培養學生語言溝通能力（施玉惠、陳純音，2003）。但是許多研究發現，因為族語能力測驗加分政策，造成很多老師為考試而教學，教法流於單調，以句型練習為主，因而扼殺了學生學習族語的興趣。很多學生考完試，就不再繼續學習族語。學者建議教師應發揮巧思，教學內容與實際生活連結，變換不同教學方法與活動，才能促進學生族語學習果效（浦忠成，2002）。

原住民族雖然缺乏文字，但富涵藝術與人文內涵，包括舞蹈、歌謠、故事、技藝等均保有傳統文化之精髓（孫大川，2000）。因此，若教師能將族語教學結合原住民傳統藝術，不僅可以去除單一教學之呆板性，同時可以讓學生了解傳統文化。許多研究也指出，原住民學童偏好活潑式學習內容與情境，教學搭配歌唱、遊戲、說故事等活動，較能引發學生學習動機（Yen, 2009；李雪菱、范德鑫，2013；李奇憲，2004；林美慧，2003；紀惠英、劉錫麒，2000；郭玉婷，2001；黃志偉，2002；楊孝濚，1998；劉美慧，2000；譚光鼎，2002）。

本書中的族語老師們教學多年經驗，個個能歌善舞，或以歌唱方式或以節奏的語言與肢體，帶領學生學習族語，活潑了族語教學，符合學生學習特性需求，由此可知藝術教育的融入是活化族語教學的有效方法。建議族語師資培育課程能進行調整，除了目前的民族語言、文化素養及基本教學專業知能外，能增加藝術教育課程，因為原住民文化本身就充滿藝術性，文化的教導不能脫離音樂、舞蹈、戲劇、美術等領域。然而這些領域有其專業性，透過藝術類科的師資培育，例如創作性舞蹈與戲劇教學、美術與音樂教材教法，幫助教師瞭解如何進行口述指導、入戲技巧、舞臺佈置、肢體探索、創作展演，及如何進行引導、演練、討論或複演（replay）等教學技巧，以激發學習者創造力，並提升學習動機與成效（張中煖，2007；張曉華，1999）。

另外，建議未來從事族語教育工作者進行溝通式活動教學的時候，能從

原住民學生動態學習風格發想，以藝術教育融入變化族語教學，採取藝術教育中的音樂、歌曲、舞蹈、戲劇、美術等領域整合族語教學，透過實物、影像、角色扮演等活動，營造豐富之溝通學習情境，促進族語教學活動的創意與多樣性。舉例來說，初學者可以用歌謠學唱或說故事方式，讓學生了解單字意義及族群歷史傳說，同時培養學生聽族語的能力。也可學習 Sukudi 老師的方式，發揮在美術方面的專業，讓孩子做創意彩繪或捏陶，以承襲祖先的技藝，激發學生藝術欣賞與創造力；或透過戲劇角色扮演，營造開放式的溝通情境，展現多元語言智慧與能力。

伍、更勝一籌：應用多元教學評量方式

依據九年一貫課程綱要規定，國小鄉土語言課程，不納入學期正式的學科考試，以求降低學生學習壓力，但課程學習可進行評量，評量方式則靈活編訂，第一階段以口語能力為主，第二階段以正確分辨語音、詞彙、語意為主，第三階段以正確應用文字書寫符號為主。原住民語文教學與評量應建立適當的準則，使學生對族語的學習，能有高度的興趣，其學習成就亦能維持在基本水準之上，避免為評量的形式化而使學習窄化，或因評量鬆散而無法激勵學習（教育部，2003）。然而，族語老師認為族語教學成效不佳，其中一項原因是缺乏適當的評量，老師們對於該如何評量也缺乏完整的理解。因此，協助原住民族語教師具備評量知能，才能有助於教學與學習的改善。

一般說來，教學評量包括教學效益評量、學生學習成就評量、課程設計與實施評量（黃光雄編，1996）。質言之，評量用以確定教學是否成功達成目標，瞭解學習者的學習情形，作為修正課程及調整教材教法之參考。原住民語文教學目標首重培養實際運用能力，並藉由語文學習來幫助學生認識族群歷史文化，因此評量目標也應配合教學目標，瞭解學生是否從教學中具備族語聽、

說、讀、寫能力與文化認知素養。族語教師能透過評量來了解教學目標是否達成，同時透過多元的評量方式，多方探究學習成效，避免只有考試之形式而使學習窄化。

　　族語教學評量可依據使用時機，分為形成性評量與總結性評量，前者為教師在學習歷程中對學生學習狀況進行隨時的檢測與觀察，並適時給予學生學習回饋。後者為教師在整個教學單元或學期結束時，對學生學習表現進行整體性檢測，以了解學生學習成果。此外，評量方式可分為測驗式評量、活動式評量及檔案式評量。測驗式評量採取紙筆測驗方式，檢測學生的聽說讀寫能力。活動式評量則是藉由活動的進行，隨時觀察學生的溝通能力表現。檔案式評量是學生對自己作業、作品、學習單及報告等資料的統整，可提供教師長期觀察與記錄學生學習表現（林志光，2006；胡小明，2006；陳勝榮，2002）。

　　本書中的族語老師較常使用活動式評量，例如，Legeane 透過說故事方式，請學生寫下所聽到的各種細節，加強學生聽力和寫作能力。她還新增了族語戲劇的評量指標，讓學生在角色扮演中學習，並能充分反映學生真實語言學習的改變與成長。Avay 老師常舉辦族語演講、話劇比賽、小小主播活動，讓孩子有發揮族語能力的機會。Amoy 老師則強調家庭提供學生課後練習的重要性，要求學生回家必須和家人練習用族語溝通，也鼓勵家中長輩教導族語，並於課堂中分享，以瞭解學生學習情形。

　　由上可知，評量方式各有不同的使用目的與時機，建議族語教師配合教學目標，設計多元的評量方式，讓學生在學習過程中充滿成就感，展現自信與自我肯定。舉例來說，除了傳統的紙筆測驗與聽力測驗外，可以透過自我介紹、朗讀、說故事、多媒體線上評量等方式，增強學生口說的熟練度；或透過唱傳統歌謠、看圖說話、分組表演活動等實作評量，以族語來進行發表與分享，觀察同儕互動與團體合作學習態度，並瞭解學生口語表達之正確性與流暢度；或

透過學生作品之檔案評量，瞭解語言與文化素養的廣度與深度。另外，建議族語老師能利用各縣市政府每年舉辦之原住民族語戲劇競賽，驗收族語學習成果，若是得到優異的成績，可進一步參加全國競賽，也是一種鼓勵與肯定族語學習的方式。

陸、堅定站立：保障族語教師職涯發展

隨著國內外族群意識的高漲，弱勢族群體認到學習本族語言之權利，及寶貴文化資產流失之危機，敦促政府規劃各種語言復振方案。國家針對族語教育政策投注經費、人力在各種教學實務需求及軟硬體設備，然而從現有的環境條件及師資素質方面，仍有檢討的空間。由族語教學困境的探討中發現，族語老師指出教學職涯面臨最困難的問題即在缺乏工作保障。教育部明定鄉土語言教學支援人員鐘點費國小每節 320 元，但因工作繁重，授課時數不多，無法作為主要收入來源，許多族語教師卻得工作一整個學期後才能領到薪資，造成老師的教學意願低落、流動率居高不下。另外，族語教師認為族語教材不敷使用，必須自掏腰包準備教材，學校也無額外的經費來推展族語活動，使得許多老師經濟上更是捉襟見肘。老師也指出，族語教師身兼多所學校族語教學，對學校的生態缺乏了解，也不知道該如何去運用資源。在學校教族語時，族語教師得自己承擔所遇到的問題，包括教材、教學設備、教室空間的支援均甚為缺乏，使得族語教師多有孤立無援的感受。

現階段若不在行政體制上給予族語教師較多的助力，族語教育終究難有伸展的空間。巧婦難為無米之炊，福利跟待遇若不理想，很難吸引良好的族語師資投入教學工作，因此薪資的保障是政府責無旁貸的義務。建議主管族語教育相關行政單位應傾聽基層教師的聲音，瞭解並積極解決教師的困境，給予族語教師完整與正規的培育，編列預算改善待遇條件，建議以正職聘用，給予和正

式教師同等對待之合理與固定發放之薪資，保障族語教師應有之福利與權利，才能給予教師工作的穩定感，同時能吸引更多優秀師資投入。職前訓練與經濟問題不解決，原住民族教師專業能力必受質疑，生活也易陷入困境，如何還有能力與餘力投入教育工作？面對族語教師的工作需求與生活保障訴求，如果政府依舊無動於衷，只讓族語教師質疑政府對臺灣語言教育推展工作的誠意，缺乏實質與永續的規劃。讓積極在第一線努力的族語教師，追尋族語教育的意義與使命被現實妥協而消磨怠盡，眼看族語教育走入末路窮途，成為族語教師無法承擔的痛。

在教材經費的協助方面，其實教育部及原民會針對原住民族語補充教材研發及編撰等活動均有提供補助（原民會，2007；教育部，2006c），建議族語教師可透過個人或團體名義，針對課程與教學需求提出申請，以減輕經濟上的負擔，也能促進原住民族相關教材研發。族語教育的推動除仰賴教育部及原民會之努力，學校也責無旁貸。九年一貫課程將族語教學納入語文領域，族語教學有了固定的節數，學校成為學生學習族語最重要之場域。學校重視族語教育的程度是族語教學成敗的關鍵，希望學校能體認弱勢語言發展與生存之不利情勢，肯定原住民文化價值，能從扶持的角度提攜弱勢語言，協助保留及延續文化資產。藉由校方與老師共同努力，鼓勵學生學習原住民語言，以維護族語的生存發展。也建議學校能進一步研擬如何將原住民文化融入學校教育目標，透過多元文化教育的實施，營造涵化多元文化學校環境，幫助學生能尊重多元族群，擴展學生文化視野，激發學生跨領域創意思考與創作。

另外，建議學校單位能給予族語教學適時的行政支援，安排適當的教學時段與空間給予族語教師教學使用；或善用閒置教室，改造為多元文化教室，讓教師能佈置教學情境，使學生可以在文化氣氛的環境中學習。有鑑於大多數族語教師缺乏教學經驗，以致於進入教學現場時遭遇挫折。建議學校能與師培單

位合作，提供族語教師實習、試教機會，讓族語師資有機會接觸教學現場，以提高未來教師對工作環境的理解，減少適應與摸索時間，並透過真實情境教學經驗的累積，增加教師實際教學能力。也建議學校能安排具教學效能之教師進行教學觀摩，讓初任實習教師瞭解如何進行班級經營與運用多樣化教學方法，同時提供初任族語教師試教與反饋的機會，協助其解決族語教學困境，提升族語教學品質。

柒、全備出發：促進族語教師專業成長

族語教育這幾年實施以來，族語教師的責任只有愈來愈沉重，教學問題也一一浮現，其中最常見的就是族語教師教學專業的缺乏，造成教學的挫折與困境。許多族語老師渴慕能充實更多的專業知能，讓自己能整裝全備，為族語教育全力以赴。

在族語教學專業發展部分，可分為正規師資培育與在職教師專業成長課程。我國目前師資培育內容為 36 小時的訓練課程。以紐西蘭為例，語言巢教師必須完成 400 小時的訓練，且在語言巢裡工作 500 小時。課程內容可包括：語言學習、語言浸滲、語言計畫、語言復振、教材製作、族語語言學、文化相容課程、原住民教育與多元文化教育；針對非教師者，則需加上有關兒童發展、教室管理、教學理論與實務、教案設計與實習等課程。與紐西蘭比較起來，臺灣的師資培育時數與內容明顯不足（引自江秀英，2006）。觀察族語教師教學現場之需求，建議師資培育與教育行政機構規劃教師進修研習，能考量以下課程之安排：

（一）教育心理學課程：幫助教師理解學習心理與建立敏銳度，有效解決學生學習問題。

（二）語言巢組織經營管理、人際關係與溝通課程：培育老師溝通管理
　　　能力，凝聚家長與學生情感。

（三）課程設計與發展、多元教學與評量課程：幫助教師創造多元豐富
　　　的教學思維，增進教學效能。

（四）多元文化教育課程：幫助教師促進文化理解與尊重，實踐人文關
　　　懷與文化創新。

（五）數位科技媒體課程：提升教師資訊媒體應用與編製能力，數位典
　　　藏資訊融入教學知能。

（六）藝術類科（音樂、美術、戲戲、舞蹈）教材教法課程：協助教師
　　　引發教學與學習創意，展現豐富族語與文化學習成果。

　　在教師專業成長部分，族語教師指出，追求專業成長常需要依靠自立救
濟方式，若能成立教學研究小組，可讓教師有機會針對教學問題進行反思和經
驗分享，也可彼此交流文化教學資源。根據教師所提的需求，建議族語教育主
管行政單位能提供實質的關注，協助成立族語教師專業發展社群，進行教學交
流與觀摩，提供支持與協同的資源網絡。另外，國內近年來積極推動教師專業
發展評鑑系統，以協助教師教學革新與專業成長（呂鍾卿、林生傳，2001；張
新仁等人，2004；張德銳等人，1996；潘慧玲等人，2004）。然而，檢視目前
國內教學評鑑之相關研究，在族語教學領域卻付之闕如。有些縣市訂有教學輔
導訪視實施計畫，以評估本土語言教學現況，但在評鑑內容方面則缺乏評鑑標
準。對族語教育而言，教學問題與困境的顯現，突顯了教學評鑑系統建構的必
要性。如何透過評鑑，協助教師了解與解決教學問題，成為當前族語教育應努
力的方向。

　　作者分析族語教師教學與評鑑相關之研究，歸納出有效族語教學之核心要

項，建構一套系統化之族語教學評鑑檢核表，提供參考使用（附錄三）。如此一來，族語教師可透過此工具，自我檢核教學成效，導引教學努力目標；師資培育機構也能藉此標準，規劃族語教師專業化之教育訓練，以提升族語師資素質；學校方面也可透過評鑑指標，瞭解族語教學問題，提供教師需要之協助。最後，期許教育行政單位透過嚴謹之評鑑規準，制定族語教師教學專業知能審查與規劃評鑑結果後續之教學輔導，以提升族語教學品質；同時規劃獎勵制度，選出模範教學貢獻者、熱心傳承文化教師，予以公開表揚，以激勵族語教學動力與提升教學士氣。

捌、使命必達：全然委身族語教育工作

語言與族群文化認同唇齒相依，紐西蘭毛利語言的逐漸消失連帶也伴隨毛利人的自我觀念和文化認同之式微，卻因著毛利民族的覺醒，帶來族語學習與文化復興的逆轉（譚光鼎，2006）。本書中的 8 位族語老師也分享，擺在眼前是周圍世界的變動，現代化的潮流不斷地淹沒部落風情，古老傳統文化長久以來被棄置一旁，成為凋零沉寂的資產。族語老師來到十字路口做出人生的選擇，他們認知如果再沒有人為族群生存站出來，臺灣原住民文化的根將斷裂，原住民族文化語言將永遠消失成為歷史。這樣的危機意識形成老師們強烈的使命感，這份使命感的源頭來自教師們的生命記憶，是一份回家的呼喚、是一顆守護文化的心。於是，這些族語老師覺醒，決心恢復古道、搭起家鄉的橋，讓族人找到回家的路。因著這樣的抉擇，他們的生命轉變，傳遞復興的火焰，以銳不可當之姿崛起，為族語教育大發熱心，實現他們要去完成的使命。

這一群老師們堅信，殷勤灌溉族語的種子，必能歡呼收割。因此，他們願意放下自己原有的利益或光環，犧牲自己的時間金錢，投入所有精力在族語教學工作。他們從過去職場舞臺達人，化身為教導族語教師，期待透過教學讓族

人及下一代能恢復與認同文化傳承。這些老師體認自己從部落出生，部落是自己的根，對族群文化有著強烈熱情，但是學生出生於都市，除了血統的延續，找不到學習語言文化的目的。老師們明白自己所做所為不易，但他們不輕易放棄，努力去喚醒族人對族語流失的警覺，奮力去跨越文化語言的隔代鴻溝。族語教師強調，唯有讓學生肯定自己的文化與身分認同，才能深切體認學習族語的價值。因此，教師們努力幫助原住民孩子建立自信與自尊，活出身為原住民的驕傲。老師們本身也努力學習，希望透過自己豐富生動教學，能帶來改變的影響力，讓族語教育成果結實纍纍。

　　建議未來從事族語教育工作者能先釐清與反思為何要從事這份工作，探究自己從事族語教育的目的，因為族語教育工作不是只求糊口，背後所承擔的責任比其他教育工作都來得沉重。若缺乏使命與認同，就無法全然委身，一旦遇到困境，就容易逃避退縮。也建議未來從事族語教育工作者能學習這 8 位族語教師的精神，激起對族語教育奉獻的熱忱，堅定相信那將來要成就的事是何等有意義，願意將自己一生投注在族群文化的復興，向著那標竿直跑，活出人生的價值。當老師有明確且堅定的信念與使命，就能充滿教學熱情與活力，這樣的動力對學生的影響是無形的，讓學生在潛移默化下被陶冶，增加其本身族群意識及認同感。這樣的教育理念與行動力也能成為復興的催化劑，深深感染給周圍的人，包括家長、族語教師與關心族語教育的人，將族語教育的意義傳播出去，共同為臺灣原住民族文化永續流傳而努力。

後記

　　本書進入尾聲，作者從長時期大範圍的文獻蒐集中，整理出族語教育的政策發展脈絡，提供平衡性政策法令及學術觀點與論述。本書最後也歸納相關文獻與族語教師之實務經驗，瞭解族語教師教學困境，並提出族語教育未來發展策略，以提供族語教師、族語課程設計者、師資培育機構與相關行政單位參考，期使規劃更完備之族語教育永續經營機制，促進族群、語言、文化資產保存工作更具成效。上述政策論述與實務分析建構了這本書的骨架，族語教師的探訪紀錄則創造這本書的血肉，若沒有老師們心血的付出，再多的理論政策與分析只是空殼。

　　每當回憶與族語老師們訪談過程，沉浸在這一群頑強抵抗語言流失洪流的生命敘說中，發現自己充滿敬畏地崇拜這一群熱情與剛強的勇士，但更多時侯是心裡的憂傷，因為瞭解這一群老師們的無助與孤軍奮鬥。教師們為族語所做的努力是超乎眼睛所看的、耳朵所聽的、人心也未曾想到的，長久以來，他們是教育界的弱勢，他們的作為少為人知，我所記載分享的僅是一小部分我所看見、所聽見的，平凡的言語如何能描述這所有的成就。一句想對族語老師說的話，少了你們，局勢將會不同，族群文化語言的傳承將無以為繼，有了你們，也許現在看不到成效，但得勝的旌旗已然插上。

　　但願這本書能提供一把鑰匙，引領讀者進入族語教育的理論、政策及實務的寶庫，了解族語教育發展的來龍去脈；也願這本書能提供讀者亮光，得著族語教育的洞見，體認族語教育的真善美；最後，願這本書能點燃讀者熱情的火苗，喚醒憐憫和跨越族群界限之行動，力挺支持文化語言的復興，一起為臺灣原住民族群、文化、語言教育努力，那這本書就有了真實而有價值的意義。

參考文獻

中文部分

尤哈尼‧伊斯卡卡夫特（2002）。原住民族覺醒與復振。臺北：前衛。

巴義慈（2001）。臺灣原住民泰雅語母語教學。臺灣語言與語文教育，3，1-12。

王甫昌（2003）。當代臺灣社會的族群想像。臺北：群學。

王明柔（2010）。國小學童本土語言認知、態度及行為傾向之研究（未出版之碩士論文）。國立屏東教育大學，屏東市。

王雅萍（2013）。十二年國教與原住民族教育：是機會或是挑戰？原教界，52，12-17。

王麗雲、甄曉蘭（2007）。臺灣偏遠地區教育機會均等政策模式之分析與反省。教育資料集刊，36，25-46。

王麗瑛（2002）。屏東縣立國小母語教學實施現況及母語師資培訓問題之研究（未出版之碩士論文）。國立屏東師範學院，屏東市。

全正文（2006）。我國原住民學生升學優待政策之研究（未出版之碩士論文）。暨南國際大學，南投縣。

江秀英（2006）。從紐西蘭毛利族的語言巢看原住民母語教學。臺灣國際研究季刊，2（1），163-184。

牟中原、汪幼絨（1997）。原住民教育。臺北：師大書苑。

行政院原住民族委員會（1998）。原住民族文化振興發展六年計畫。臺北：作者。

行政院原住民族委員會（2001）。原住民族語言能力認證辦法。臺北：作者。

行政院原住民族委員會（2006）。原住民族語言振興六年計畫。臺北：作者。

行政院原住民族委員會（2007）。行政院原住民族委員會推展原住民族教育文化補助要點。臺北：作者。

行政院原住民族委員會（2011）。原住民族語言基礎教材出爐，學正夯的賽德克語有入門教材了。線上檢索日期：2012年12月10日。取自取自 http://

www.apc.gov.tw/portal/pda/docDetail.html?CID=35AE118732EB6BAF&DID=0C3331F0EBD318C2DC929C969F039254

行政院原住民族委員會（2012a）。101 年度原住民學生升學優待取得文化及語言能力證明考試簡章。線上檢索日期：2013 年 1 月 10 日。取自 http://ipt.sce.ntnu.edu.tw/101student/download/101 年度原住民學生族語考試簡章 .pdf

行政院原住民族委員會（2012b）。101 年度推展原住民族語言學習實施計畫。臺北：作者。

行政院教育改革審議委員會（1996）。**教育改革總諮議報告書**。臺北：作者。

吳乃德（1993）。省籍意識、政治支持和國家認同——臺灣族群政治理論的初探。載於張茂桂主編，**族群關係和國家認同**（27-51 頁）。臺北：國家政策研究中心。

吳天泰（1998）由多元文化的觀點看原住民母語教學的推展。**原住民教育季刊**，10，49-64。

吳信鳳、沈紅玫譯（2002）。**一個孩子，兩種語言——幼兒雙語教學手冊**（原作者：P.O.Tabors）。臺北：心理。

吳清山（1998）。**學校效能研究**。臺北：五南。

吳毓真（2002）。**臺灣與加拿大原住民教育政策之比較研究——後殖民的觀點**（未出版之碩士論文）。國立暨南國際大學，南投縣。

吳壁如（2003）。家庭—社區—學校之移伴關係：理論、涵義及研究展望。**教育資料與研究**，52，85。

呂錘卿、林生傳（2001）。國民小學教師專業成長指標及現況之研究。**教育學刊**，17，45-64。

宋偉航譯（2001）。**語言的死亡**。（原作者：D. Crystal）。臺北：貓頭鷹。

李壬癸（2011）。**臺灣南島民族的族群與遷徙**。臺北：前衛。

李雪菱、范德鑫（2013）。文化回應教學的實踐與省思：原住民學童圖文讀寫課程的教與學。**教育研究月刊**，231，93-108。

李園會（2005）。**日據時期臺灣教育史**。臺北：國立編譯館。

李　瑛（2000）。各國原住民教育發展趨勢之分析。載於張建成主編，多元文化

教育：我們的課題與別人的經驗（287-318頁）。臺北：師大書院。

李筱峰、林呈蓉（2004）。**臺灣史**。臺北：華立。

李奇憲（2004）。**提升國小原住民學生國語科學業成就之行動研究**（未出版之碩士論文）。國立花蓮師範學院，花蓮縣。

李麗君（2006）。檢視師資生教學信念與其實踐之方案實施與成效。**國立臺北教育大學學報**，19（1），39-62。

谷暮・哈就（2013）。從族語教育的觀點看原住民的十二年國教。**原教界**，52，18-21。

周惠民（2012）。第三學期制民族學校的課程設計如何落實原住民知識。**原教界**，46，24-27。

周惠民、顏淑惠、黃嘉琳（2009年5月）。原住民族語教學研究：以三位阿美族教師為例。論文發表於**亞太教育社會學論壇：社會變遷和教育改革學術研討會**，國立臺南大學。

林光輝（2001）。推動泰雅母語教學面面觀。**原住民教育季刊**，20，132-142。

林志光（2003）。**族語教學之行動研究──以一個排灣族族語兼課教師為例**（未出版之碩士論文）。國立臺東大學，臺東市。

林修澈（2006）。**族語紮根：四十語教材編輯的四年歷程**。臺北：政治大學原住民族語言教育文化研究中心。

林清江（1994）。**教育社會學新論**。臺北：五南。

林惠文（2004）。**原住民族籍教師族語文化傳承信念與族語教學專業素養暨部落族人對族語教學看法之研究**（未出版之碩士論文）。國立屏東師範學院，屏東市。

林榮泰（2005）。**臺灣原住民服飾文化在創新產品設計上的研究與應用**（子計畫一）。行政院國科會專題研究計畫（計畫編號：NSC-94-2422-H-144-001），未出版。

林美慧（2003）。**文化回應教學模式之行動研究──以一個泰雅族小學五年級社會科教室為例**（未出版之碩士論文）。國立花蓮師範學院，花蓮縣。

邱文隆（2012）。族語認證考試的回顧與展望。**原教界**，48，6-7。

施正鋒編（2002）。各國語言政策——多元文化與族群平等。臺北：前衛。

施玉惠、陳純音（2003）。溝通式教學活動設計。載於趙麗蓮教授文教基金會主編，兒童英語教學面面觀（71-90頁）。臺北：書林。

洪志彰（2006）。國小原住民鄉土語言教學之探究——以卑南族語為例（未出版之碩士論文）。國立臺東大學，臺東市。

紀惠英、劉錫麒（2000）。泰雅族兒童的學習世界。花蓮師院學報，10，65-100。

胡小明（2006）。國小布農族語教師教學歷程之個案研究——以郡社國小古老師為例（未出版之碩士論文）。國立臺東大學，臺東市。

孫大川（2000）。夾縫中的族群建構——臺灣原住民的語言文化與政治。臺北：聯合文學。

浦忠成（2002）。臺灣原住民族語教學發展之趨勢。原住民教育季刊，25，56-71。

秦葆琦（1998）。迎接鄉土教育的新世紀。研習資訊，15（3），8-14。

翁福元、吳毓真（2002）。後殖民主義與教育研究。教育研究，103，88-100。

高強華（1993）。論信念的意義、結構與特性。現代教育，8（2），74-89。

高淑芳、周惠民、顏淑惠（2009）。我國原住民國高中職學生升學優待政策之評估研究。臺北：行政院原住民族委員會專案研究報告。

高淑芳、裘友善（2003）。九十一學年度原住民族教育調查統計報告。臺北：行政院原住民族委員會。

張中煖（2007）。創造性舞蹈寶典：打通九年一貫舞蹈教學之經脈。臺北：國立臺北藝術大學。

張如慧（2002）。都市原住民族語教學之理想與實踐。原住民教育季刊，26，70-87。

張佳琳（1993）。臺灣光復後原住民教育政策研究（未出版之碩士論文）。國立臺灣師範大學，臺北市。

張芳全（1999）。教育政策分析與策略。臺北：師大書苑。

張善楠（1998）。臺灣地區勞工原住民母語學習經驗分析。原住民教育季刊，

11，31-50。

張新仁、馮莉雅、邱上真（2004）。發展中小學教師評鑑工具之研究。**教育資料集刊，29**，247-270。

張德銳、簡紅珠、裘友善、高淑芳、張美玉和成虹飛（1996）。**發展性教師評鑑系統**。臺北：五南。

張學謙（2002）。Aotearoa／紐西蘭的語言規劃。載於施正鋒主編，**各國語言政策**（151-198頁)。臺北：前衛。

張學謙（2011）。**語言復振的理念與實務：家庭、社區與學校的協作**。臺北：翰蘆。

張曉華（1999）。**創作性戲劇原理與實作**。臺北：財團法人成長文教基金會。

張駿逸（1997）。民族學觀點的原住民鄉土文化教材。**原住民教育季刊，6**，1-19。

教育部（1995）。**發展與改進原住民教育五年計畫**。臺北：作者。

教育部（1996）。**全國原住民教育會議實錄**。臺北：作者。

教育部（1997a）。**中華民國原住民教育報告書**。臺北：作者。

教育部（1997b）。**發展與改進原住民教育第二期五年計畫**。臺北：作者。

教育部（1999）。**國民中小學語文課程與教學現況及改革專案報告**。臺北：作者。

教育部（2002）。**臺灣地區原住民籍學生升學優待辦法**（2002年修正）。臺北：作者。

教育部（2003）。**九年一貫課程綱要**。臺北：作者。

教育部（2005）。**發展原住民族教育五年中程個案計畫**（95－99年度）。臺北：作者。

教育部（2006a）。**有關報載原住民升學優待辦法修正愈修門愈窄之說明**。線上檢索日期：2006年12月10日。取自 http://epaper.edu.tw/news/950315/950315a.htm

教育部（2006b）。**為落實原住民族文化與族語保存原住民學生升學優待辦法將維持既有精神持續實施**。臺北：作者。

教育部（2006c）。**教育部辦理原住民英語及族語教學補助作業要點**。臺北：作者。

教育部（2008）。國民中小學九年一貫課程綱要語文學習領域（原住民族語）。線上檢索日期：2009 年 12 月 10 日。取自 http://teach.eje.edu.tw/9CC2/9cc_97.php

教育部（2010）。發展原住民族教育五年中程個案計畫（100-104 年度）。臺北：作者。

教育部（2011）。國民中小學教學支援工作人員聘任辦法。臺北：作者。

教育部、行政院原住民族委員會（2005）。原住民族語言書寫系統。臺北：作者。

教育部、行政院原住民族委員會（2011）。原住民族教育政策白皮書。臺北：作者。

曹永和（2000）。臺灣早期歷史研究續集。臺北：聯經。

郭玉婷（2001）。泰雅族青少年學習式態之質的研究（未出版之碩士論文）。國立臺灣師範大學，臺北市。

陳伯璋（1988）。意識型態與教育。臺北：師大書苑。

陳枝烈（2012）。第三學期制民族學校的課程設計理念。原教界，46，18-22。

陳枝烈（1997）。臺灣原住民教育。臺北：師大書苑。

陳枝烈（2010）。族語教育怎麼會這樣？線上檢索日期：2014 年 1 月 26 日。網址：http://www.abohome.org.tw/index.php?option=com_content&view=article&id=4564:-2&catid=65:2008-10-22-22-01-21&Itemid=60

陳奎熹（2000）。現代教育社會學。臺北：師大書苑。

陳昭瑛（1995）。論臺灣本土運動：一個文化史的考察。中外文學，23（9），6-43。

陳美如（1998）。臺灣語言教育政策之回顧與展望。高雄：復文。

陳美如（2000）。多元文化課程的理念與實踐。臺北：師大書苑。

陳勝榮（2002）。原住民族語言教學成效與推展模式之相關研究——以烏來鄉泰雅語教學為例（未出版之碩士論文）。國立政治大學，臺北市。

陳誼誠（2007）。96 年族語加分考試的考生表現分析。載於臺東大學華語文學系編，原住民族語言發展論叢理論與實務（101-121 頁）。臺北：行政院原住民族委員會。

陳麗華、劉美慧（1999）。花蓮縣阿美族兒童的族群認同發展之研究。花蓮師院學報，9，177-226。

傅仰止（1985）。都市山胞研究的回顧與前瞻。**思與言**，23（2），177-193。

單文經（2000）。加拿大多元文化政策與教育作法。載於張建成主編，**多元文化教育：我們的課題與別人的經驗**（199-225頁）。臺北：師大書苑。

童春發（1999）。從多元族群和文化的臺灣談原住民語言教育的重要性。**原住民文化與教育通訊**，9，69。

黃光雄編（1996）。**教學原理**（第二版）。臺北：師大書苑。

黃志偉（2002）。**文化傳承的種子——原住民學童學習族語歷程之研究**（未出版之碩士論文）。國立臺東師範學院教育，臺東市。

黃志偉、熊同鑫（2003）。原住民母語教育的論述：多元文化思潮的反思。**原住民教育季刊**，25，72-83。

黃東秋（2003）。二十一世紀族語教學的省思——新生代要學習的是「社區語言」不是單一族群的「族語」。**原住民教育季刊**，29，59-74。

黃宣範（1993）。**語言、社會與族群意識：臺灣語言社會學的研究**。臺北：文鶴。

黃約伯（1999）。**臺灣高等校院原住民學生生涯選擇及其相關因素之研究**（未出版之碩士論文）。國立臺灣師範大學，臺北市。

黃美金（1998）。臺灣原住民母語教師應有之學養。載於莊萬壽等編，**第三屆臺灣本土文化國際學術研討會論文集**（189-195頁）。臺北：師大人文教育研究中心。

黃美金（2009）。臺灣原住民族語教學之回顧與展望。**清雲學報**，29（4），139-166。

黃美金 （2007a）。臺灣原住民族語能力認證考試之回顧與展望。載於臺東大學華語文學系編：**原住民族語言發展論叢理論與實務**（82-100頁）。臺北：行政院原住民族委員會。

黃美金（2007b）。臺灣原住民族語言教材之回顧與展望。載於臺東大學華語文學系編，**原住民族語言發展論叢理論與實務**（213-224頁）。臺北：行政院原住民族委員會。

黃美金、陳純音（2001）。**國民中小學原住民族語言教學模式，活動設計與評量方法**。臺北：教育部。

黃純敏（2000）。從多元文化主義論臺灣的語言教育，載於張建成主編，**多元文**

化教育：我們的課題與別人的經驗（45-61頁）。臺北：師大書苑。

黃森泉（2000）。原住民教育之理論與實際。臺北：揚智文化。

黃麗容、張建成（2000）。紐西蘭的毛利語教育。載於張建成編，多元文化教育：我們的課題與別人的經驗（343-373頁）。臺北：師大書苑。

黃麗蓉（1999）。以紐西蘭毛利語教育之研究——以小學『完全浸滲式』毛利語教學為例（未出版之碩士論文）。國立臺灣師範大學，臺北市。

新北市教育局（2012）。2012福山國小族語魔法學院開學囉！線上檢索日期：2013年12月25日。網址：www.ntpc.edu.tw/web/News?command=showDetail&postId=255585

楊孝濚（1998）。原住民教育與母語教學。原住民教育季刊，11，50-59。

楊淑玲（2001）。破殼而出：十四位日出師院原住民女學生的教育經驗（未出版之碩士論文）。國立花蓮師範學院，花蓮市。

楊　瑩（1994）。教育機會均等——教育社會學的探究。臺北：師大書苑。

溫辰雄（1997）。泰雅母語教學教材及教法簡介。原住民教育季刊，7，83-92。

廖傑隆（2008）。都市原住民族語政策研究：以臺北市語言巢為例（未出版之博士論文）。國立臺灣師範大學，臺北市。

趙素貞（2010）。臺灣原住民族語教育政策之分析（未出版之博士論文）。國立屏東教育大學，屏東市。

劉美慧（2000）。建構文化回應教學模式：一個多族群班級的教學實驗。花蓮師院學報，11，115-142。

劉美慧、陳麗華（2000）。多元文化課程發展模式及其應用。花蓮師院學報，10，101-126。

劉唯玉、詹森、葉峻廷、廖慶達（2003）。新竹縣泰雅族母語教學實施現況及其相關問題之研究。載於國立臺東大學原住民教育研究中心主編，九十二年度原住民教育學術研討會——學校、家庭、部落與原住民教育論文集（1-19頁）。行政院原住民族委員會、教育部：臺東大學。

劉蔚之（1992）。一個山地學校的多元文化教育之俗民研究（未出版之碩士論文）。國立臺灣師範大學，臺北。

潘　英（1996）。**臺灣平埔族史**。臺北：南天書局。

潘慧玲、王麗雲、簡茂發、孫志麟、張素貞、張錫勳、陳順和、陳淑敏、蔡濱如
　　（2004）。國民中小學教師教學專業能力指標之發展。**教育研究資訊**，12
　　（4），129-168。

蔣嘉媛（1997）。**原住民學生升學優待政策之評估研究**（未出版之碩士論文）。
　　國立臺灣師範大學，臺北市。

蔡春蘭（2005）。**都市原住民後代的族群認同──以十二位都市原住民後代為例**
　　（未出版之碩士論文）。國立東華大學，花蓮市。

鄭安住（2013）。族語認證加分與原住民學生升學權益。**原教界**，52，22-25。

鄭勝耀（1999）。多元文化思潮下的語言教育議題。**原住民教育季刊**，14，75-
　　85。

謝世忠（1987）。**認同的污名**。臺北：自立晚報。

謝佳雯（2003）。**現行母語師培育課程之研究**（未出版之碩士論文）。國立臺東
　　師範學院，臺東。

簡秀如（2004）。**阿美族學童族語學習之研究──以靜心國小六位學童為例**（未
　　出版之碩士論文）。國立花蓮師範學院，花蓮縣。

顏國樑（2006）。原住民族教育政策的發展、理念基礎及實踐。**原住民教育季刊**，
　　8，28-54。

顏淑惠（2008）。A Conceptual Framework for Preparing Teachers to Teach
　　Indigenous Students in Various Cultural Contexts。載於**全國原住民族研究論
　　文集**（1-9-1~1-9-25頁）。臺北市：行政院原住民族委員會。

顏淑惠（2009）。美國復甦與再投資法案與學校教育改革趨勢分析。**教育研究月
　　刊**，188，144-154。

譚光鼎（1998）。**原住民教育研究**。臺北：五南。

譚光鼎（2000）。澳洲多元文化教育。載於張建成編，**多元文化教育：我們的課
　　題與別人的經驗**（227-256頁）。臺北：師大書苑。

譚光鼎（2002）。**臺灣原住民教育──從廢墟到重建**。臺北：師大書苑。

譚光鼎（2006年10月）。原住民語言文化復興──毛利幼兒養護所經驗的借鏡。

「原住民族教育學術研討會」發表之論文。國立暨南國際大學。

譚光鼎、湯仁燕（1993）。臺灣原住民青少年文化認同與學校教育關係之探討。載於中國教育學會主編，多元文化教育（459-500頁）。臺北：臺灣書店。

譚光鼎、劉美慧、游美惠（2001）。多元文化教育。臺北：國立空中大學。

蘇佐璽（2013）。十二年國教對原住民學生及偏鄉學生的影響。原教界，52，10-11。

蘇羿如（2007）。遷移中的臺灣「都市」原住民。社會科學學報，15，153-174。

蘇純慧（2013）。運用文化回應教學於國小生活課程之行動研究（未出版之碩士論文）。國立屏東教育大學，屏東市。

英文部分

Artiles, A. J. (1996). Teacher thinking in urban schools: The need for a contextualized research agenda. In F. Rois (Ed.), *Teacher thinking in cultural contexts* (pp. 23-54). Albany, NY: State University of New York.

Au, K. (1980). Participation structures in a reading lesion with Hawaiian children: Analysis of a culturally appropriate instructional event. *Anthropology and Education Quarterly, 1*(2), 91-115.

Banks, J. (1994). Multiethnic education: Theory and practice (3rd ed.). MA: Allyn and Bacon.

Banks, J. A., & Banks, C. A. M. (2009). *Multicultural Education: Issues and perspectives* (7th edition). Boston: Allyn & Bacon.

Bennett, C. I. (1990). *Comprehensive multicultural education: Theory and practice* (2nd ed). Boston: Allyn & Bacon.

Bogdan R. C, & Biklen, S. K. (1998). *Qualitative research for education: An introduction to theory and methods* (3rd ed.). Boston: Allen and Bacon.

Bourdieu, P., & Passeron, J. C. (1990). *Reproduction in education, society, and culture.* London: Sage Publications.

Brown, C. A., & Cooney, T. J. (1982). Research on teacher education: A philosophical orientation. *Journal of Research and Development in Education, 15*(4), 13-18.

Byrnes. J. (1993). Aboriginal learning styles and adult education: Is a synthesis possible? *Australian Journal of Adult and Community Education, 33*(3), 157-171.

Clark, C. M., & Peterson, P. L. (1986). Teachers' thought processes. In M. C. Wittrock (Ed.), *Handbook of research on teaching* (3rd ed.)(pp.255-296). New York: Macmillan.

Corson, D. (1990). *Language policy across the curriculum.* Clevedon: Multilingual Matters.

Cummins, J. (1989). *Empowering minority students.* Sacramento: California Association for Bilingual Education.

Darling-Hammond, L., French, J., & Garcia-Lopez, S. P. (Eds.) (2002). *Learning to teach for social justice.* New York: Teachers College Press.

Dillon, D. (1989). Showing them that I want them to learn and that I care about who they are: A microethnography of the social organization of a secondary low-track English-reading classroom. *American Educational Research Journal, 26*(2), 227-259.

Dilworth, M. E, & Brown, C. E. (2001). Consider the difference: Teaching and learning in culturally rich schools. In V. Richardson (Ed.), *Handbook of research on teaching* (4th ed.) (pp. 643-667). Washington, D. C.: American Educational Research Association.

Dunn, R., & Dunn, K. (1993). *Teaching secondary students through their individualized learning styles.* Reston, VA: Reston.

Dunn, R., & Griggs, S. A. (1998). *Multiculturalism and learning styles: Teaching and counseling adolescents.* Weatport, CT: Praeger.

Fishman, J. (1991). *Reversing language shift.* Clevedon, England: Mutilingual Matters.

Foster, M. (1995). African-American teachers and culturally relevant pedagogy. In J. A. Banks (Ed.), *Handbook of research on multicultural education* (pp. 570-581). New York: Macmillan.

Garcia, E. (1994). *Understanding and meeting the challenge of student cultural diversity.* Boston: Houghton Mifflin.

Gardner, R., & Lambert, W. (1972). *Attitudes and motivation in second-language learning.* Rowley, Ma.: Newbury House.

Garibaldi, A. M. (1992). Preparing teachers for culturally-diverse classrooms. In M. E. Dilworth (ed.), *Diversity in teacher education: New expectations* (pp.23-39). San Francisco: Jossey-Bass Publishers.

Gay, G. (2000). *Culturally responsive teaching: Theory, research, and practice.* New York: Teachers College Press.

Goodlad, J. (1990). *Teachers for our nation's schools.* San Francisco: Jossey Bass.

Heath, S. B. (1983). *Ways with words: Language, life, and work in communities and classroom.* Cambridge, UK: Cambridge University Press.

Irvine, J. J. & York, D. E. (1995). Learning styles and cultural diverse students : A literature review. In J. A. Banks & C. A. Banks (Eds.), *Handbook of research on multicultural education* (pp. 484-497). New York: Macmillan.

Kanu,Y. (2002). In their own voices: First Nations students identify some cultural mediators of their learning in the formal school system. *Alberta Journal of Educational Research. 2*(2), 98-114.

King, J. (2001). Te Kohanga Reo: Maori language revitalization. In Leanne Hinton, & Ken Hale (Eds.), *The green book of language revitalization in practice* (pp.118-128). San Diego, CA: Academic Press.

Ladson-Billings, G. J. (1994). *The dreamkeepers: Successful teachers of African American children.* San Francisco: Jossey-Bass Publishers.

Macdonald, M. B. (1995). *Teaching to learn: An expert teacher's quest for an equity pedagogy.* Unpublished dissertation in Teachers College, Columbia University.

Marshall, R. & Tucker, M. (1992). *Thinking for a living: Education and the wealth of nations.* New York: Basic Books.

Nieto, S. (1992). *Affirming diversity: The sociopolitical context of multicultural education.* New York: Longman.

Noddings, N. (1992). *The challenge to care in schools: An alternative approach to education.* New York: Teachers College Press.

Noddings, N. (1995). Teaching themes of caring. *Phi Delta Kappan, 76*(9), 675-679.

Olsen, L., & Mullen, N. A. (1990). *Embracing diversity: Teachers' voices from Californians classrooms.* Los Angeles: California tomorrow.

Partington, G., Richer, K., Godfrey, J., Harslett, M., & Harrison, B. (1999). *Barriers to effective teaching of Indigenous Students.* Paper presented at the Joint Conference of the Australian Association for Research in Education and the New Zealand Association for Research in Education in Melbourne, Australia.

Sawyer, D. (1991). Native learning styles: Shorthand for instructional adaptations? *Canadian Journal of Native Education, 18*, 99-105.

Schiller. B. R. (2008). *The economics of poverty and discrimination* (10th ed.). New Jersey: Person Prentice Hall.

Sleeter, C. (1992). *Keepers of the American dream: A study of staff development and multicultural education.* Washington, D. C: Falmer.

Sleeter, C. E. (1996). *Multicultural education as social activism.* USA: Albany.

Smith, M. E., & Shade, B. J. (1997). Culturally responsive teaching strategies for American Indian students. In B. J. Shade (Ed.), *Culture, style, and the educative process: Making schools work for racially diverse students* (pp.178-186). Springfield, IL: Charles C Thomas.

Sparks, S. (2000). Classroom and curriculum accommodations for native, American students. *Intervention in School and Clinic, 35*, 259-263.

Stuart, C., & Thurlow, D. (2000). Making it their own: Preservice teachers' experiences, beliefs and classroom practices. *Journal of Teacher Education, 51*(2), 113-121.

Tangaere, A. R. (1997). *Learning Maori together: Kohanga Reo andhome.* Wellington: New Zealand Council for Education Research.

Tatto, M. T. (1996). Examining values and beliefs about teaching diverse students: Understanding the challenges for teacher education. *Educational Evaluation and Policy Analysis, 18*(2), 155-180.

Tilak, J. B. G. (2002). Education and poverty. *Journal of Human Development. 3*(2), 191-207.

U.S. Department of State. (2013). *USA education in brief.* Retrieved July 20, 2013, from http://www.americancorner.org.tw/uploads/3e/fe/3efef65d57a93f09607af8 7bdf9cc2d3/education-brief.pdf

Yen, S. H. (2008). *Indigenous Education in Taiwan: Teacher beliefs, knowledge, and Practices.* Germany: VDM Verlag.

Yen, S. H. (2009). Effective strategies for teaching Taiwanese minority students with low achievement and low socio-economic backgrounds. *Asia Pacific Education Review, 10,* 455-463.

Yin, R. K. (1994). *Case study research: Design and methods* (2nd ed.). Thousand Oaks, CA: Sage.

附錄一：國民中小學九年一貫課程綱要語文學習領域（原住民族語）

（一）基本理念

　　1. 多元文化之理念，尊重各民族語言，實施原住民族語教學，促進相互瞭解，奠定整體社會和諧與發展之基礎。

　　2. 以彈性原則訂立原住民族語教學之實施階段與學習能力指標，提供原住民族語教師與教材編寫者參考。

　　3. 根據原住民族語之實際發展，經過縝密整理、迻譯與詮釋，搭配其他語文，共同建構本國語文課程。

　　4. 妥善運用各種教學環境與教學資源，活化原住民族語教學。

　　5. 重視原住民族語之主體性與現代特色，積極營造適宜的環境，培養學生主動學習族語的興趣，以傳承族語。

（二）課程目標

課程目標 基本能力	原住民族語
1. 瞭解自我與發展潛能	瞭解原住民族語的特性，建立民族自信，做為自我發展的基礎。
2. 欣賞、表現與創新	培養以原住民族語表達基本情意與生活經驗，及適切進行表現各種應對與表達關懷之能力。
3. 生涯規劃與終身學習	具備原住民族語的自學能力，養成樂於終身學習的態度，做為傳承民族語言的基礎。
4. 表達、溝通與分享	善用原住民族語的能力，進行適當的溝通，分享民族文化的基本內涵。

5. 尊重、關懷與團隊合作	學習尊重不同語言文化的差異，關懷原住民族社會，並以團隊合作的精神，展現民族智慧。
6. 文化學習與國際瞭解	認識臺灣原住民族多語共存的事實，體驗不同語言及其相關文化的內涵，增進對於南島語系社會與文化的瞭解。
7. 規劃、組織與實踐	善用原住民族語知識，進行規劃與組織，提升日常生活的實踐能力。
8. 運用科技與資訊	充分運用各種資訊科技媒體，演練原住民族語的聽說能力。
9. 主動探索與研究	主動發掘原住民族語的特點，並培養探索族語及其相關文化內涵的興趣。
10. 獨立思考與解決問題	應以原住民族文化的獨特視野，建立詮釋與批判的獨立思考能力，並藉此解決所面臨的問題。

（三）分段能力指標

說明：

1. 能力指標編號說明，第一個數字代表語文學習的能力（1 聆聽能力；2 說話能力；3 音標系統應用能力；4 閱讀能力；5 寫作能力）；第二個數字代表學習的階段（第一階段為國小一至二年級；第二階段為國小三至四年級；第三階段為國小五至六年級；第四階段為國中一至三年級）；第三個數字代表流水號。

2. 下列指標內涵，請教師依學生、班級及學校現況彈性調整，靈活運用。

1. 聆聽能力

1-1-1 能聽懂簡單的單詞。
1-1-2 能聽懂教師的簡易指令。
1-1-3 能培養良好的聆聽習慣及態度。
1-1-4 能聽懂關於生活環境的描述。
1-1-5 能透過聆聽，培養團隊合作的習慣。
1-1-6 能透過聆聽，認識家庭生活環境。

1-1-7 能透過聆聽，認識教室環境。
1-1-8 能藉助資訊科技媒體，提升聆聽能力。
1-1-9 能透過聆聽，認識周遭事物的特性。
1-1-10 能透過聆聽，辨別簡單的疑問詞。

1-2-1 能聽懂簡單的生活用語。
1-2-2 能聽懂他人的簡易表達。
1-2-3 能聽懂他人的工作內容。
1-2-4 能聽懂日常生活的溝通用語。
1-2-5 能聽懂簡單的應對與關懷的用語。
1-2-6 能透過聆聽，認識社會生活。
1-2-7 能透過聆聽，瞭解校園生活。
1-2-8 能運用資訊科技媒體，進行聆聽學習。
1-2-9 能透過聆聽，探索生活的樂趣。
1-2-10 能透過聆聽，理解常用的疑問句。

1-3-1 能聽懂學過的短句和一般用語。
1-3-2 能聽懂他人對於情感的簡易表達。
1-3-3 能聽懂他人的生活經驗。
1-3-4 能聽懂他人的興趣和觀點。
1-3-5 能透過聆聽，尊重他人的生活經驗。
1-3-6 能透過聆聽，認識本族的地理環境。
1-3-7 能透過聆聽，瞭解並尊重他人的生活作息。
1-3-8 能自行使用資訊科技媒體，增進聆聽學習能力。
1-3-9 能透過聆聽，探索個人的興趣。
1-3-10 能透過聆聽，掌握問題的重點。

1-4-1 能聽懂現場情境的對話內容。
1-4-2 能聽懂他人對於知識的簡易表達。
1-4-3 能聽懂他人的生涯規劃。
1-4-4 能聽懂他人的學習經驗。
1-4-5 能透過聆聽，認識民族的傳統文化。

1-4-6 能透過聆聽，認識本族的民俗習慣。
1-4-7 能透過聆聽，參與校園裡的各種活動。
1-4-8 能靈活運用各種資訊科技媒體，進行自我學習。
1-4-9 能透過聆聽，瞭解傳統的生活方式。
1-4-10 能透過聆聽，思考解決問題的方法。

2. 說話能力

2-1-1 能說出簡單的單詞。
2-1-2 能以簡單的單詞表達自己的意思。
2-1-3 能簡單說出自己的願望。
2-1-4 能表達周圍事物的位置。
2-1-5 能簡單表達問候用語。
2-1-6 能簡單描述家庭生活。
2-1-7 能表達簡單的教室指令。
2-1-8 能在教師的引導下，使用資訊科技媒體，練習說出常用的單詞。
2-1-9 能表達周遭事物的特性。
2-1-10 能瞭解並回答教師提出的簡單疑問句。

2-2-1 能在教師的引導下，進行簡單的自我介紹。
2-2-2 能以短句表達生活事物的概念。
2-2-3 能簡單說出自己的時間安排。
2-2-4 能表達日常生活的溝通用語。
2-2-5 能進行簡單應對與表達關懷。
2-2-6 能簡單描述社會生活。
2-2-7 能表達校園生活的內容。
2-2-8 能在教師的引導下，使用資訊科技媒體，增進說話能力。
2-2-9 能表達自己喜愛的學校生活。
2-2-10 能回答教師提出的疑問句。

2-3-1 能即席進行自我介紹。
2-3-2 能以短句表達自己的想法。
2-3-3 能簡單說出日常生活的安排。

2-3-4 能分享簡單的生活經驗。

2-3-5 能表達適度的關懷。

2-3-6 能簡單描述本族的地理環境。

2-3-7 能描述個人的生活作息。

2-3-8 能自行使用資訊科技媒體，增進說話能力。

2-3-9 能表達自己的興趣，並與他人分享。

2-3-10 能扼要說出問題的重點。

2-4-1 能說出自己的生活感受。

2-4-2 能清楚表達自己的感覺。

2-4-3 能簡單說出個人的生涯規劃。

2-4-4 能分享學習的樂趣。

2-4-5 能簡單表達對於民族文化的認識。

2-4-6 能簡單描述本族的民俗習慣。

2-4-7 能表達個人參與校園生活的感想。

2-4-8 能靈活運用各種資訊科技媒體，進行溝通與學習。

2-4-9 能具體描述傳統的生活方式。

2-4-10 能表達解決問題的方法。

3. 音標系統應用能力

3-1-1 能辨認簡單的書寫符號（視實際需要實施，不一定於第一年實施）。

3-2-1 能拼讀簡單的書寫符號。

3-3-1 能唸出書寫符號。

3-4-1 能藉由書寫符號，寫出簡單的單詞與句子。

4. 閱讀能力

4-3-1 能朗讀簡單的單詞。

4-3-2 能朗讀簡單的句子。

4-4-1 能朗讀課文。

4-4-2 能閱讀課文。

4-4-3 能閱讀與欣賞原住民族語作品。

5. 寫作能力

5-4-1 能摹寫課文的單詞與短句，並嘗試進行短句與文章的翻譯。

（四）分段能力指標與十大基本能力之關係

能力指標 基本能力	分段能力指標					
	課程目標	能力指標項目	第一階段 （1-2年級）	第二階段 （3-4年級）	第三階段 （5-6年級）	第四階段 （7-9年級）
1. 瞭解自我與發展潛能	瞭解原住民族語的特性，建立民族自信，做為自我發展的基礎。	聆聽能力	1-1-1 能聽懂簡單的單詞。	1-2-1 能聽懂簡單的生活用語。	1-3-1 能聽懂學過的短句和一般用語。	1-4-1 能聽懂現場情境的對話內容。
		說話能力	2-1-1 能說出簡單的單詞。	2-2-1 能在教師的引導下，進行簡單的自我介紹。	2-3-1 能即席進行自我介紹。	2-4-1 能說出自己的生活感受。
		音標系統應用能力	3-1-1 能辨認簡單的書寫符號。	3-2-1 能拼讀簡單的書寫符號。	3-3-1 能唸出書寫符號。	3-4-1 能藉由書寫符號，寫出簡單的單詞與句子。
		閱讀能力			4-3-1 能朗讀簡單的單詞。	4-4-1 能朗讀課文。
		寫作能力				5-4-1 能摹寫課文的單詞與短句，並嘗試進行短句與文章的翻譯。

基本能力 \ 能力指標	課程目標	能力指標項目	分段能力指標			
			第一階段（1-2年級）	第二階段（3-4年級）	第三階段（5-6年級）	第四階段（7-9年級）
2.欣賞、表現與創新	培養以原住民族語表達情意，適切進行各種應對與表達關懷之能力。 以民族基本與經驗，及切進行表現生活應對與表達之能力。	聆聽能力	1-1-2 能聽懂教師的簡易指令。	1-2-2 能聽懂他人的簡易表達。	1-3-2 能聽懂他人對於情感的簡易表達。	1-4-2 能聽懂他人對於知識的簡易表達。
		說話能力	2-1-2 能以簡單的單詞表達自己的意思。	2-2-2 能以短句表達生活事物的概念。	2-3-2 能以短句表達自己的想法。	2-4-2 能清楚表達自己的感覺。
		音標系統應用能力				
		閱讀能力				4-4-2 能閱讀課文。
		寫作能力				

基本能力＼能力指標	課程目標	能力指標項目	分段能力指標			
			第一階段（1-2年級）	第二階段（3-4年級）	第三階段（5-6年級）	第四階段（7-9年級）
3.生涯規畫與終身學習	具備原住民族語的能力，樂於學習態度，做承傳族語的基礎。	聆聽能力	1-1-3 能培養良好的聆聽習慣及態度。	1-2-3 能聽懂他人的工作內容。	1-3-3 能聽懂他人的生活經驗。	1-4-3 能聽懂他人的生涯規劃。
	原族自力成終習度為民言基礎。	說話能力	2-1-3 能簡單說出自己的願望。	2-2-3 能簡單說出自己的時間安排。	2-3-3 能簡單說出日常生活的安排。	2-4-3 能簡單說出個人的生涯規劃。
		音標系統應用能力				
		閱讀能力			4-3-2 能朗讀簡單的句子。	4-4-3 能閱讀與欣賞原住民族語作品。
		寫作能力				

能力指標 基本能力	課程目標	能力指標項目	分段能力指標			
			第一階段 （1-2 年級）	第二階段 （3-4 年級）	第三階段 （5-6 年級）	第四階段 （7-9 年級）
4. 表達、溝通與分享	善用語文行的，民化本內涵。 原住民族能進當通享文基用民的，適溝分族的的基	聆聽能力	1-1-4 能聽懂關於生活環境的描述。	1-2-4 能聽懂日常生活的溝通用語。	1-3-4 能聽懂他人的興趣和觀點。	1-4-4 能聽懂他人的學習經驗。
		說話能力	2-1-4 能表達周圍事物的位置。	2-2-4 能表達日常生活的溝通用語。	2-3-4 能分享簡單的生活經驗。	2-4-4 能分享學習的樂趣。
		音標系統應用能力				
		閱讀能力				
		寫作能力				

基本能力 \ 能力指標	課程目標	能力指標項目	分段能力指標			
			第一階段（1-2年級）	第二階段（3-4年級）	第三階段（5-6年級）	第四階段（7-9年級）
5.尊重關懷與團隊合作	學習尊重語言化異的原住民族社會，並以合作精神，展現民族智慧。尊同文化差的，關懷民族，團隊作的精神，展現民族智慧。	聆聽能力	1-1-5 能透過聆聽，培養團隊合作的習慣。	1-2-5 能聽懂簡單的應對與關懷的用語。	1-3-5 能透過聆聽，尊重他人的生活經驗。	1-4-5 能透過聆聽，認識民族的傳統文化。
		說話能力	2-1-5 能簡單表達問候用語。	2-2-5 能進行簡單應對與表達關懷。	2-3-5 能表達適度的關懷。	2-4-5 能簡單表達對於民族文化的認識。
		音標系統應用能力				
		閱讀能力				
		寫作能力				

能力指標 基本能力	課程目標	能力指標項目	分段能力指標			
			第一階段 （1-2 年級）	第二階段 （3-4 年級）	第三階段 （5-6 年級）	第四階段 （7-9 年級）
6. 文化學習與國際瞭解	認識臺灣原住民族共存實驗語言及其相關的內涵，增進對南島語系社會與文化的瞭解。	聆聽能力	1-1-6 能透過聆聽，認識家庭生活環境。	1-2-6 能透過聆聽，認識社會生活。	1-3-6 能透過聆聽，認識本族的地理環境。	1-4-6 能透過聆聽，認識本族的民俗習慣。
		說話能力	2-1-6 能簡單描述家庭生活。	2-2-6 能簡單描述社會生活。	2-3-6 能簡單描述本族的地理環境。	2-4-6 能簡單描述本族的民俗習慣。
		音標系統應用能力				
		閱讀能力				
		寫作能力				

基本能力 \ 能力指標	課程目標	能力指標項目	分段能力指標			
			第一階段（1-2年級）	第二階段（3-4年級）	第三階段（5-6年級）	第四階段（7-9年級）
7.規劃、組織與實踐	善用原住民族知識，進行規劃與組織，提升日常生活的實踐能力。	聆聽能力	1-1-7 能透過聆聽，認識教室環境。	1-2-7 能透過聆聽，瞭解校園生活。	1-3-7 能透過聆聽，瞭解並尊重他人的生活作息。	1-4-7 能透過聆聽，參與校園裡的各種活動。
		說話能力	2-1-7 能表達簡單的教室指令。	2-2-7 能表達校園生活的內容。	2-3-7 能描述個人的生活作息。	2-4-7 能表達個人參與校園生活的感想。
		音標系統應用能力				
		閱讀能力				
		寫作能力				

能力指標／基本能力	課程目標	能力指標項目	分段能力指標			
			第一階段（1-2年級）	第二階段（3-4年級）	第三階段（5-6年級）	第四階段（7-9年級）
8. 運用科技與資訊	充分運用各種資訊科技媒體，演練原住民族語聽說的能力。	聆聽能力	1-1-8 能藉助資訊科技媒體，提升聆聽能力。	1-2-8 能運用資訊科技媒體，進行聆聽學習。	1-3-8 能自行使用資訊科技媒體，增進聆聽學習能力。	1-4-8 能靈活運用各種資訊科技媒體，進行自我學習。
		說話能力	2-1-8 能在教師的引導下，使用資訊科技媒體，練習說出常用的單詞。	2-2-8 能在教師的引導下，使用資訊科技媒體，增進說話能力。	2-3-8 能自行使用資訊科技媒體，增進說話能力。	2-4-8 能靈活運用各種資訊科技媒體，進行溝通與學習。
		音標系統應用能力				
		閱讀能力				
		寫作能力				

能力指標＼基本能力	課程目標	能力指標項目	分段能力指標			
			第一階段（1-2年級）	第二階段（3-4年級）	第三階段（5-6年級）	第四階段（7-9年級）
9.主動探索與研究	主動發掘原住民族語言特點及關內興趣，並探索其文化相化涵的的，養族其文化涵的的趣。	聆聽能力	1-1-9 能透過聆聽，認識周遭事物的特性。	1-2-9 能透過聆聽，探索生活的樂趣。	1-3-9 能透過聆聽，探索個人的興趣。	1-4-9 能透過聆聽，瞭解傳統的生活方式。
		說話能力	2-1-9 能表達周遭事物的特性。	2-2-9 能表達自己喜愛的學校生活。	2-3-9 能表達自己的興趣，並與他人分享。	2-4-9 能具體描述傳統的生活方式。
		音標系統應用能力				
		閱讀能力				
		寫作能力				

基本能力 \ 能力指標	課程目標	能力指標項目	分段能力指標			
			第一階段（1-2年級）	第二階段（3-4年級）	第三階段（5-6年級）	第四階段（7-9年級）
10. 獨立思考與解決問題	應以原住民族文化的獨特視野，建立詮釋與批判的獨立思考能力，並藉此解決所面臨的問題。	聆聽能力	1-1-10 能透過聆聽，辨別簡單的疑問詞。	1-2-10 能透過聆聽，理解常用的疑問句。	1-3-10 能透過聆聽，掌握問題的重點。	1-4-10 能透過聆聽，思考解決問題的方法。
		說話能力	2-1-10 能瞭解並回答教師提出的簡單疑問句。	2-2-10 能回答教師提出的疑問句。	2-3-10 能扼要說出問題的重點。	2-4-10 能表達解決問題的方法。
		音標系統應用能力				
		閱讀能力				
		寫作能力				

（五）實施要點

1. 教學實施

原住民族語教學之本質為文化教學，故原住民族語教學，應依據原住民文化的屬性、族群差異、居住地區等條件規劃彈性方式，積極營造貼近族群文化的族語學習環境，以自然輕鬆的方式學習族語。國民中小學階段原住民族語

課程教材包含影音教材及平面教材，其編製依據學生興趣、需要及能力，其內容力求淺顯、活潑和實用，各階段以聽、說能力的培養為主，讀、寫能力的訓練為輔。學校正式族語課程教材外，宜編製族群民謠、民間故事、俗諺、習俗及相關文學作品的讀本，提供補充教學及學生自學的材料。原住民族語的學習應重視拼音能力，其整體教學實施必須與族群文化之學習結合，並與部落社區互動，使族語的教學能夠符合實際的需求。

依據「原住民族教育法」第二十條規定：「各級各類學校相關課程及教材，應採多元文化觀點，並納入原住民各族歷史文化及價值觀，以增進族群間之瞭解及尊重。」第二十六條規定：「各級各類學校為實施原住民族語言、文化及藝能有關之支援教學，得遴聘原住民族耆老或具相關專長人士；其認證辦法，由中央原住民族主管機關定之。」因此，原住民族語課程之編選及其教學，均應尊重原住民之主體地位，為達成具體教學成效，應遴聘原住民族耆老及相關專長人士進行教學。

2. 教學評量

原住民族語教學的目標首重培養實際運用的能力，並藉由語文的學習認識族群相關的歷史文化。其評量宜採用多元方式，依據階段學習的重點，訂定實際評量的方式。除針對學習過程的具體表現和學習態度等項目進行評量外，同時亦可採取檔案綜合評量方式，就其整體學習作為與表現進行全面的評量。各階段的能力評量，宜用口頭演練與實際溝通的方式進行。

原住民族語教學與評量應建立適當的準則，使學生對於族語的學習，能有高度的興趣，其學習成就亦能維持基本水準，避免因為評量的形式化而使學習窄化，或因評量鬆散而無法激勵學習。

附錄二：原住民學生升學優待及原住民公費留學辦法（民國 96 年 04 月 16 日修正）

第 1 條　本辦法依原住民族教育法第十六條規定訂定之。

第 2 條　本辦法所稱原住民學生或原住民，其認定依中央原住民主管機關之有關規定。

第 3 條　原住民學生報考高級中等以上學校新生入學考試，除研究所、學士後各學系招生不予優待外，其優待方式，依下列規定辦理：

一、報考高級中等學校：

（一）參加申請及登記分發入學者，其國民中學學生基本學力測驗成績，以加總分百分之二十五計算。

（二）參加音樂及美術班之甄選入學者，其國民中學學生基本學力測驗成績及術科或其他非學科測驗成績，以加總分百分之十計算。

二、報考專科學校五年制：參加各類方式入學者，其國民中學學生基本學力測驗成績，以加總分百分之二十五計算。

三、報考技術校院四年制、技術校院二年制或專科學校二年制：

（一）參加登記分發入學者，以加總分百分之二十五計算。

（二）參加登記分發入學以外之其他各類方式入學者，由各校酌予考量優待。

四、報考大學：

（一）參加考試分發入學者，其指定科目考試，以加原始總分百分之

二十五計算。

（二）參加考試分發入學以外之其他各類方式入學者，由各校酌予考量優
　　　待。

前項第一款、第三款、第四款之第一目及第二款優待方式，取得原住民
文化及語言能力證明者，以加總分（原始總分）百分之三十五計算，取得證明
之相關規定，由中央原住民主管機關會同中央主管教育行政機關定之。

原住民學生依第一項優待達錄取標準者，其入學各校之名額採外加方式
辦理，不占各級主管教育行政機關原核定各校（系、科）招生名額，並以原核
定招生名額外加百分之二為限，其計算遇小數點時，採無條件進位法取整數計
算。但下列情形之一者，其招生名額外加比率，得不受百分之二之限制：

1. 成績總分同分，或遇同分參酌至最後一項之結果仍相同者，增額錄取。

2. 原住民聚集地區、重點學校及特殊科系，得衡酌學校資源狀況及區域
特性，依原住民學齡人口分布情形及就讀現況調高比率；其調高之比率，
高級中等學校，由主管教育行政機關會商定之；大專校院，由各校定之，
報中央主管教育行政機關備查。

前三項優待方式，自九十六學年度各招生考試適用。但第一項第一款、
第三款、第四款之第一目及第二款優待方式，於未取得原住民文化及語言能力
證明者，自九十九學年度招生考試起，其加分比率逐年遞減百分之五，並減至
百分之十為止。

第4條　原住民學生經依本辦法規定註冊入學後再轉校（院）轉系（科）
　　　者，不得再享受本辦法之優待。

前項學生入學後因志趣不合或學習適應困難者，原肄業學校應輔導協助轉系。

第 5 條　原住民學生報考高級中等以上學校，除依招生一般規定外，應於報名時繳交其本人之全戶戶口名簿影本一份，戶口名簿上並應有山地原住民或平地原住民記事。

原住民學生報考資格之審查，招生單位得視需要申請連結內政部戶役政資訊系統或原住民委員會臺灣地區原住民人口基本資料庫，取得當事人戶籍資料，作為辨識、審查之依據。

第 6 條　原住民學生報考高級中等以上學校，如未以原住民族籍身分報名或未送繳前條規定之證件者，不予優待，事後不得以任何理由申請補辦或補繳。

第 7 條　各招生單位於招生放榜後，應將原住民學生報考及錄取人數編製統計表報請主管教育行政機關及原住民主管機關備查。

第 8 條　依本辦法升學經查有冒籍情事或資格不符者，應由學校依相關法令開除其學籍，並議處有關人員。如涉偽造文書等違法行為，應依相關法令辦理。

第 9 條　中央主管教育行政機關舉辦公費留學考試時應提供原住民名額，以保障培育原住民人才。

前項名額，由中央主管教育行政機關及中央原住民主管機關定之。

第 10 條　原住民報考中央主管教育行政機關舉辦之公費留學考試，其

報考資格、成績計算、錄取基準及其他應遵行之事項，由中央主管教育行政機關及中央原住民主管機關定之。

第 11 條　本辦法自發布日施行。

附錄三：原住民族語教學評鑑檢核表

本檢表主要提供族語教師、師資培育或主管族語教育行政機構進行族語教學評鑑之參考使用。本檢核表主要分成三部份：第一部份為填答者的基本資料；第二部份為族語教學評鑑指標項度；第三部份為族語教學評鑑制度實施之相關政策。使用者可依使用目的與需要彈性調整運用，也提供相關佐證資料，以瞭解教師在各項評鑑指標上之表現情形。

第一部分：基本資料

1. 性別：（1）男□（2）女□

2. 原住民族別：＿＿＿＿＿＿＿＿＿＿＿＿＿＿＿

3. 最高學歷

　　□（01）無　　　□（02）自修　　　□（03）小學　　　　□（04）國（初）中

　　□（05）初職　　□（06）高中普通科　□（07）高中職業科　□（08）高職

　　□（09）護校　　□（10）軍警專修班　□（11）軍警專科班　□（12）士官學校

　　□（13）軍警官學校　□（14）師範學校　□（15）師範專科　□（16）空中行專

　　□（17）農專　□（18）護專　□（19）其他專科　□（20）神學院

　　□（21）師範學院　□（22）技術學院　□（23）師範大學　□（24）科技大學

　　□（25）其他大學　□（26）碩士　□（27）博士　□（28）教育大學

　　□（29）其他（請說明）＿＿＿＿＿＿＿＿＿

4. 師資養成背景

　　□（1）通過族語認證考試與研習

　　　□（2）專科（師專）或師範院校大學部畢業

　　　□（3）學士後師資班結業

　　　□（4）大學院校教育學程

　　　□（5）其他（請說明 ＿＿＿＿＿＿＿）

5. 族語教學年資

　　　□（1）1 年以內　　　　□（2）1-3 年　　　　□（3）3-6 年

　　　□（4）6-9 年　　　　　□（5）9 年以上

6. 請問您教哪一族的族語？

　　　□（01）阿美族　□（02）泰雅族　□（03）排灣族　□（04）布農族

　　　□（05）太魯閣族□（06）魯凱族　□（07）卑南族　□（08）鄒族

　　　□（09）賽夏族　□（10）雅美／達悟族　□（11）噶瑪蘭族　□（12）邵族

　　　□（13）賽德克／瑟契克族　　□（14）撒奇萊雅族

　　　□（15）其他（請說明）

7. 請問您在幾所學校教族語？

　　　□（1）一所　　　　□（2）二所　　　　□（3）三所

　　　□（4）四所　　　　□（5）五所以上

8. 請問您在學校一個星期中教族語的時間大約有多長？

　　　□（1）1 小時以內　　　□（2）1-5 小時　　　□（3）6-10 小時

　　　□（4）10 小時以上

9. 族語教學地區

　　　□（1）都市（直轄市、省轄市或縣轄市）　　□（2）鄉鎮地區

　　　□（3）偏遠地區（指教育部明定之偏遠地區）

第二部份：族語教學評鑑指標的項度

　　族語教學評鑑必須訂定適切的標準，以確保評鑑結果的效果，以下列出各項教學評鑑項度與指標內容。

教學評鑑類別	教學評鑑主要項目具體內容
一、教學知識	1. 能掌握族語課程內涵。
	2. 能具備族語教學內容知識。
	3. 能充分瞭解學生的學習特質。
	4. 能具備豐富的族語文化知識。
二、教學計畫	1. 能研擬適切的族語教學目標。
	2. 能依族語教學目標，擬定教學計畫。
	3. 能自編或選用適切的族語教材、教具與資料。
三、教學技巧	1. 能引發學生族語學習興趣。
	2. 教學內容能結合學生生活經驗。
	3. 能靈活運用多元教學方法（例如：教學融入戲劇、舞蹈、歌謠、故事、技藝等）。
	4. 能安排多樣的族語課外學習活動，增進學生對原住民文化的了解。
	5. 能依學生個別差異與需求，安排適性之學習活動。
	6. 能善用各種教學媒體與資源（例如：實物與圖卡）。
四、教學評量	1. 能實施多元化的學習評量（例如觀察、日常表現、考試），以了解學生學習情形。
	2. 能依據評量結果，檢視教學成效與修正教學策略。
	3. 能適時指導學生各項作業並提供回饋。
	4. 能依據評量結果，進行補救教學。

五、教學管理	1. 能營造活潑和諧的學習氣氛。
	2. 能營造豐富有趣的族語學習環境。
	3. 能建立有利於學習的常規。
	4. 能充分瞭解學生身心特質及人際關係的發展。
	5. 能關心個別學生的學習與生活狀況。
	6. 能注意教師自己的言行和品德,以樹立身教、言教典範。
六、教學溝通	1. 能幫助學生認同自己的文化,培養學生傳承文化的使命感。
	2. 能接納每位學生,增進學生自我認同。
	3. 能運用同理心,傾聽學生說話,給予學生情感上的支持。
	4. 能幫助學生體認新舊文化的差異,促進文化的傳承與創新。
	5. 能向家長說明族語教學理念,培養家長文化傳承的使命感。
	6. 能尋求家長的支持與協助,共同推動學習族語風氣。
	7. 能與學校行政人員進行有效的溝通。
七、專業發展	1. 能積極參與進修研習與專業成長活動。
	2. 能針教學需求,尋求解決問題的管道。
	3. 能主動分享與發表教學成果。
	4. 能自我檢視及反省教學狀況。
	5. 能整理系統化之教學檔案。
	6. 能與同儕族語教師協同合作,改善族語教學。
	7. 能從事族語教學創新與教材的研發。

第三部份：族語教學評鑑制度相關政策

一、評鑑制度制定人員

☐ 1. 原住民教育行政人員（如教育部、原民會、原民局等相關人員）

☐ 2. 學校行政人員（如校長、主任、組長）

☐ 3. 族語教師代表

☐ 4. 教育學者專家

☐ 5. 民意代表

☐ 6. 家長代表

☐ 7. 學生代表

☐ 8. 其他（請註明＿＿＿＿＿＿）

二、評鑑人員

☐ 1. 原住民教育行政人員（如教育部、原民會、原民局等相關人員）

☐ 2. 學校行政人員（如校長、主任、組長）

☐ 3. 族語教師代表

☐ 4. 教育學者專家

☐ 5. 其他（請註明＿＿＿＿＿＿）

三、評鑑方式

☐ 1. 族語教師自我評鑑

☐ 2. 由族語教師同儕互評

☐ 3. 行政人員評鑑

☐ 4. 專家學者評鑑

☐ 5. 學生評鑑

□ 6. 其他（請註明＿＿＿＿＿＿）

四、評鑑結果的運用

□ 1. 協助族語教師改進自身的教學，以提升教學績效

□ 2. 發現優良族語教師並予以獎勵

□ 3. 做為族語教師薪資晉級之依據

□ 4. 做為發放族語教師考核獎金及年終獎金之依據

□ 5. 作為族語教師考績、聘任、解聘、續聘之參考

□ 6. 作為族語教師分級制度之參考

□ 7. 作為遴選族語教學導師或族語教學輔導團之參考

□ 8. 作為族語教師證照制度之參考

□ 9.. 其他（請註明＿＿＿＿＿＿）

五、評鑑的時機

（一）初任族語教師：任教年資在一年（含）以下之族語教師

□ 1. 每學期評鑑一次

□ 2. 每學年評鑑一次

□ 3.. 其他時機（請註明＿＿＿＿＿＿）

（二）非初任族語教師：任教年資在一年（不含）以上之族語教師

□ 1. 每學期評鑑一次

□ 2. 每學年評鑑一次

□ 3. 每二年評鑑一次

□ 4. 每三年評鑑一次

□ 5. 其他時機（請註明＿＿＿＿＿＿）

六、評鑑的程序

□ 1. 擬定評鑑計劃，且計畫必須實際、具體、具有時效性

□ 2. 召開說明會或公聽會，向受評者說明評鑑的內容與過程

□ 3. 與受評者及相關人員共同研擬評鑑表

□ 4. 對評鑑者施予專業訓練

□ 5. 應告知受評者之評鑑結果

□ 6. 評鑑應定期、簡要、持續地實施

□ 7. 評鑑後應和族語教師進行會議，了解影響教學成果的因素

□ 8. 評鑑的判斷應充分依據教學現場的具體資料

□ 9. 其他（請註明＿＿＿＿＿＿＿）

七、評鑑資料的蒐集

□ 1. 教室觀察（觀察族語教師的教室教學）

□ 2. 訪談（晤談族語教師的教學理念與計畫、晤談學生或家長教師教學表現）

□ 3 教學檔案（檢閱族語教師教學設計、教材、教學媒體、個人成長記錄）

□ 4. 學生學習成就紀錄（檢查學生的學習成績與表現）

□ 5. 問卷（調查族語教師同仁、學生和家長對族語教師教學表現的反應）

□ 6. 學習檔案調閱（檢閱學生學習作業、作品、學習單及報告等資料）

□ 7. 其他（請註明＿＿＿＿＿＿＿）

國家圖書館出版品預行編目資料

意義的追尋：族群、文化、語言教育 / 顏淑惠著.
-- 初版. -- 臺北市：臺北藝術大學, 遠流,
2014.09
　　264面；17x23 公分
　　ISBN 978-986-04-1946-7（平裝）
　　1.原住民教育　　2.語文教學

529.47　　　　　　　　　　　103015180

意義的追尋：族群、文化、語言教育
Searching for Meaning: Indigenous Culture and Education

作　　者：顏淑惠
執行編輯：楊曜彰
文字編輯：謝依均
美術設計：上承設計有限公司
封面設計：上承設計有限公司
校　　對：顏淑惠、謝依均、鄒優璋
出 版 者：國立臺北藝術大學
發 行 人：楊其文
地　　址：臺北市北投區學園路 1 號
電　　話：（02）28961000 分機 1232（教務處出版組）
網　　址：http://www.tnua.edu.tw
共同出版：遠流出版事業股份有限公司
地　　址：臺北市南昌路二段 81 號 6 樓
電　　話：（02）2392-6899　傳真：（02）2392-6658
劃撥帳號：0189456-1
網　　址：http://www.ylib.com　E-mail：ylib@ylib.com
著作權顧問：蕭雄淋律師
法律顧問：董安丹律師・信和聯合法律事務所
出版日期：2014 年 9 月 初版一刷
定　　價：台灣地區／新台幣 350 元　港澳地區／港幣 117 元
I S B N：978-986-04-1946-7
G P N：1010301439